진짜 하루만에 이해하는

제약·바이오 산업

원데이클래스

진짜 하루만에 이해하는
제약·바이오 산업

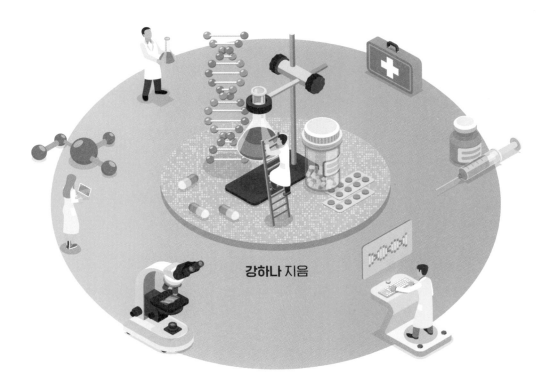

강하나 지음

T.W.I.G
티더블유아이지

바이오 투자에 어려움을 느끼는 분들에게 이 책을 추천합니다. 차근차근 읽어 나가다 보면, 어느새 투자에 자신감을 얻고, 효과적인 투자 방법을 배울 수 있습니다. 이 책과 함께 제약·바이오 산업의 매력에 빠져보세요.

LS증권(구 이베스트 투자증권) 대표이사 김원규

부자가 되는 법을 알려주는 책이 넘쳐나는 요즘, 기초 지식과 산업 동향을 폭넓게 다룬 책은 드물고 귀하다. 이 책은 세포에서부터 최신 바이오의약품과 국가별 경쟁력까지 방대한 내용을 매우 쉽고 친절하게 설명한다. 바이오 산업에 관심 있는 사람이 꼭 읽어야 할 필독서다.

서울대학교 의과대학 생화학교실 교수 배상수

이 책에는 신약 개발에 대해 투자자가 알아야 할 모든 것이 담겨 있다. 간결하고 쉽지만 강력하다. 저자가 여러 분야에서 갈고 닦은 전문성으로 빚어낸 수작이다.

보로노이 대표이사 김현태

제약·바이오 산업을 이해하는 데 최고의 입문서입니다. 복잡한 개념을 쉽게 풀어내어 비전공자도 어렵지 않게 산업의 큰 그림과 핵심 개념을 파악할 수 있습니다. 독자 여러분이 이 책을 읽고 제약·바이오 산업과 한 걸음 더 가까워질 수 있기를 바랍니다.

SK바이오팜 본부장 조형래

제약·바이오 지식을 실전 투자로 연결시키는 것은 쉽지 않은 일이다. 그런데 이 책은 그 어려운 것을 해낸다. 이것은 전공자이면서 동시에 투자자 관점에서 그 누구보다 많이 고민한 강하나 작가만이 할 수 있는 일이다.

정신과 의사 손긍정

이 책에는 제약·바이오 산업에 대한 저자의 깊은 이해와 열정이 고스란히 담겨 있습니다. 학문적 지식과 실무 경험이 융합되어 제약·바이오 산업의 현재와 미래를 생생하게 조망합니다.

서울대학교 의과대학 생리학교실 교수 서인석

모든 산업은 시대의 변화에 따라 부침을 겪습니다. 한때 유망했던 성장 산업도 시대가 변하면 쇠퇴할 수 있죠. 그런데 시대가 바뀌어도 지속적인 성장이 예상되는 산업이 있습니다. 바로 제약·바이오 산업입니다. 누구나 건강을 유지하며 오래 살고 싶어 합니다. 이는 시대를 초월하는 인간의 보편적인 욕구입니다. 제약·바이오 산업은 이 욕구와 맞닿아 있습니다. 그래서 시대의 변화에도 지속적인 성장이 가능합니다.

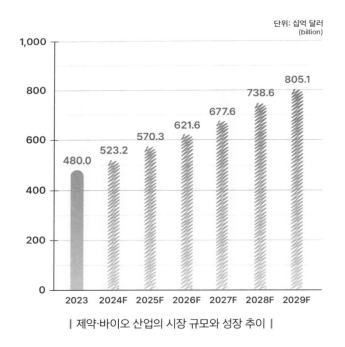

| 제약·바이오 산업의 시장 규모와 성장 추이 |

이러한 성장세를 바탕으로 주가가 꾸준히 상승하는 기업들이 계속 등장하고 있습니다.

기업	최저점	최고점	주가 상승률	시장
암젠	130.09달러 (2015년 9월)	346.85달러 (2024년 7월)	166%	미국
애브비	45.45달러 (2015년 10월)	199.95달러 (2024년 9월)	339%	미국
일라이 릴리	64.18달러 (2016년 11월)	972.53달러 (2024년 8월)	1415%	미국
노보 노디스크	15.44달러 (2016년 11월)	148.15달러 (2024년 6월)	859%	미국 (ADR)
삼성바이오로직스	124,031원 (2016년 11월)	1,109,000원 (2024년 9월)	794%	한국
버텍스 파마슈티컬	71.46달러 (2016년 12월)	510.63달러 (2024년 8월)	614%	미국
리제네론 파마슈티컬스	271.37달러 (2019년 9월)	1,211.19달러 (2024년 8월)	346%	미국
바이킹 테라퓨틱스	2.02달러 (2022년 6월)	99.41달러 (2024년 2월)	4821%	미국
알테오젠	27,901원 (2022년 10월)	363,500원 (2024년 9월)	1202%	한국
서밋 테라퓨틱스	0.66달러 (2022년 12월)	33.89달러 (2024년 9월)	5034%	미국

Ⅰ 꾸준한 주가 상승률을 보인 미국과 한국의 제약·바이오 기업들(2015년~2024년)[*] Ⅰ

* 단기 급등한 기업은 급등 전의 최저점을 기준으로 하였습니다.

　　지속적으로 성장하는 제약·바이오 산업은 국가 경제의 미래 성장 동력이 될 수 있으며, 투자자에게는 자산 증식의 기회를 제공합니다. 그 어떤 분야보다 무한한 잠재력을 지닌 산업이 바로 제약·바이오 산업입니다.

　　그런데 우리는 제약·바이오 산업을 너무 모릅니다. 뉴스, 애널리스트 리포트, 전공 서적 등을 찾아보면서 열심히 공부하지만, 이내 GLP-1, mRNA, 리간드, ADC, 바이오시밀러, CDMO, 키트루다, PD-1, CAR-T, 면역관문,

기술 이전　GLP-1　ADC
항원-항체
CDMO　NK세포　키트루다
리간드　바이오시밀러　CAR-T
T세포　면역관문　마일 스톤
CRO　EGFR　임상시험
적응증 확장　AI 의료
ASCO　방사성 의약품

EGFR, 마일 스톤, ORR 등 수많은 용어에 압도당하고 맙니다. 기술 용어와 의약품의 이름을 구분하는 것조차 버겁습니다. 제약·바이오 공부, 도대체 어떻게 해야 하는 걸까요?

큰 그림부터 이해해야 합니다. 숲을 알지 못한 채 나무만 봐서는 답이 나오지 않습니다. 이는 마치 세계 지도가 있으면 나라별 관계와 구조를 쉽게 파악할 수 있지만, 세계 지도가 없으면 나라별로 아무리 공부해도 전체적인 개념이 잡히지 않는 것과 같습니다.

『진짜 하루만에 이해하는 제약·바이오 산업』은 이러한 기획 의도 아래 탄생했습니다. 비전공자도 산업의 큰 그림과 핵심 개념을 이해할 수 있도록 다양한 예시와 풍부한 일러스트를 활용해 최대한 쉽게 풀어서 설명했습니다.

이 책이 정책가에게는 정책 방향의 나침반으로, 사업가와 투자가에게는 기회와 리스크를 들여다보는 현미경으로, 취업을 고민하는 취준생에게는 진로를 탐색하는 내비게이션으로서의 역할을 충실히 할 수 있길 바랍니다.

그럼, 지금부터 저와 함께 제약·바이오 세상으로 여행을 떠나 보시죠!

PART 01 산업을 이해하기 위한 기초 지식

PART 02 암과 항암제의 작동 원리

PART 03 암의 종류별 블록버스터 신약과 대표 기업

PART 05 당뇨병 & 비만

PART 06 합성의약품과 바이오의약품

PART 09 진단과 AI 의료

PART 10 제약·바이오 투자의 정석

PART

01

산업을 이해하기 위한 기초 지식

많은 사람이 제약·바이오 기업을 공부합니다. 그런데 생각처럼 쉽지가 않습니다. 왜 그럴까요? 산업을 이해하지 않고 기업부터 보았기 때문입니다. 그럼, 산업부터 보면 될까요? 아쉽게도 이 역시 답이 아닙니다. 가장 먼저 해야 할 일은 학문에 대한 기초 지식을 쌓는 것입니다. 제약·바이오는 생물학을 바탕으로 분자생물학, 세포생물학, 생명과학, 생화학 등 여러 학문이 융합된 분야입니다. 기초 지식이 없으면 밑 빠진 독에 물 붓기가 될 수밖에 없습니다. 이번 장에서는 비전공자도 이해할 수 있도록 필요한 기초 지식을 아주 쉽게 설명합니다.

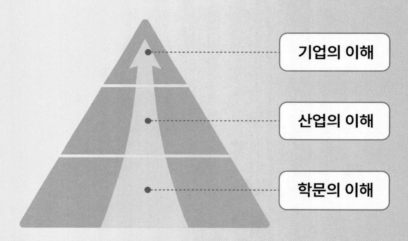

기업의 이해

산업의 이해

학문의 이해

| 그림 1-1. 제약·바이오 산업의 공부 순서 |

생명체를 이루는
기본 단위, 세포

세포의 분열과 분화

〈유미의 세포들〉이라는 웹툰을 아시나요? 주인공인 유미와 유미 몸속의 세포들이 서로 소통하며 일상의 여러 가지 일을 함께 해나가는 이야기입니다. 그런데 우리 몸을 구성하는 수많은 요소 중에 왜 하필 세포일까요? 세포는 생명체의 기본 단위입니다. 단, 이렇게만 설명하면 세포가 무엇이고 어떤 역할을 하는지 잘 와닿지 않습니다. 그래서 생명체, 그중에서도 인간의 탄생 과정을 통해 세포를 좀 더 이해하는 시간을 가져보겠습니다.

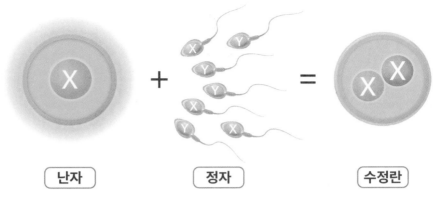

| 난자 | 정자 | 수정란 |

┃ 그림 1-2. 난자와 정자가 만나 수정란이 되는 과정 ┃

엄마의 난소에서 난자가, 아빠의 정소에서 정자가 만들어집니다. 난자와 정자는 모두 각각 하나의 세포입니다. 난자는 X 염색체를 가지고 있고, 정자는 X 염색체 혹은 Y 염색체를 가지고 있습니다. 난자와 정자가 결합하면 수정란이 되는데, 이 수정란도 하나의 세포입니다.[*]

수정란은 생성된 지 약 24시간 후에 분열을 시작합니다. 하나였던 세포는 곧 2개 → 4개 → 8개 → 16개…로 두 배씩 늘어납니다. 이처럼 하나의 세포가 분열하여 두 개의 새로운 세포를 만드는 것을 세포 분열이라고 합니다.

┃ 그림 1-3. 세포 분열이 진행되는 모습 ┃

---

[*] 난자가 X 염색체를 가진 정자와 만나면 XX가 되어 여자아이가 태어나고, Y 염색체를 가진 정자와 만나면 XY가 되어 남자아이가 태어납니다.

세포 분열을 통해 탄생한 세포들은 혈액을 만드는 세포, 근육을 만드는 세포, 신경을 이루는 세포, 간을 만드는 세포, 췌장을 만드는 세포 등 각자 고유한 역할을 담당하는 세포로 변신합니다. 이처럼 미성숙한 세포가 특정한 기능(역할)을 갖추면서 성숙한 세포로 변화하는 과정을 분화라고 합니다.

　　역할이 비슷한 세포들이 모여서 조직을 이룹니다. 예를 들면, 근육세포가 모여 근육 조직을, 신경세포가 모여 신경 조직을, 간세포가 모여 간 조직을 만

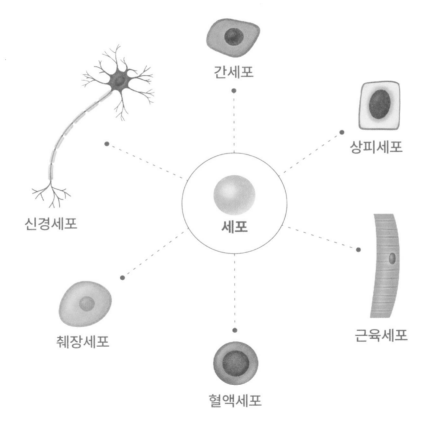

| 그림 1-4. 미성숙한 세포가 특정한 기능을 갖추면서 성숙한 세포로 분화하는 모습 |

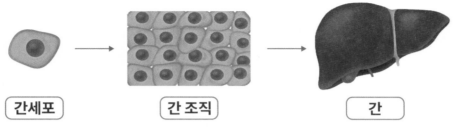

| 간세포 | 간 조직 | 간 |

| 그림 1-5. 세포가 모여 조직을 이루고, 조직이 모여 장기를 형성하는 모습 |

드는 것이죠. 그리고 여러 조직이 모여 장기와 기관을 형성합니다. 이렇게 엄마의 뱃속에서 약 10개월 동안 세포의 분열과 분화를 거치면서 인간이라는 개체가 탄생합니다.

세포는 엄마의 배에서 나온 후에도 계속 분열합니다. 특히 신체가 발달하는 시기에는 그 속도가 더욱 빠릅니다. 성인이 되면 머리카락을 생성하는 모근세포, 피부를 생성하는 표피세포, 혈액을 생성하는 혈액세포 등을 제외하고 대부분의 세포가 분열을 멈추거나 아주 느린 속도로 분열합니다.

성인의 몸속에는 30~70조 개의 세포가 존재합니다. 수정란이라는 하나의 세포가 수십조 개의 세포로 분화했다니, 놀라울 따름입니다. 이 많은 세포가 각자의 역할을 수행하며 생명 활동을 영위합니다. 이 과정에서 수명을 다한 세포, 제 역할을 하지 못하는 세포는 죽음을 맞이하는데, 건강한 세포가 분열을 통해 새로운 세포를 만들어내므로 전체 세포의 수와 세포의 분포는 항상 일정하게 유지됩니다.

진짜 하루만에 이해하는 제약·바이오 산업

신호전달물질

우리 몸속에 있는 수십조 개의 세포는 서로 협동하여 각자가 맡은 역할을 수행합니다. 협동에는 의사소통이 필요한데, 세포는 대화의 수단으로 신호전달물질을 주고받습니다. 그림 1-6을 함께 봐주세요.

세포의 표면에는 신호전달물질을 받기 위한 구조물이 있습니다. 이 구조물이 바로 수용체입니다. 세포가 내부에서 신호전달물질을 분비해 외부로 배

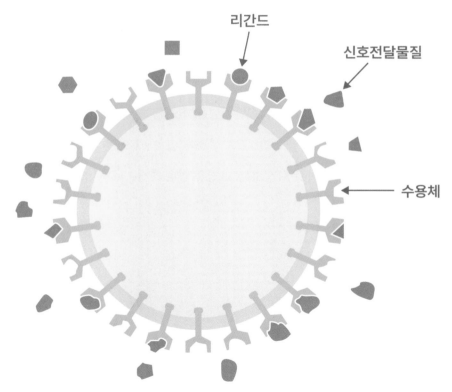

│ 그림 1-6. 세포 표면에 있는 각각의 수용체와 수용체에 결합하는 신호전달물질 │

출하면, 신호전달물질이 이동해 또 다른 세포의 수용체에 결합하는 방식입니다. 이때 신호가 잘못 전달되는 것을 방지하기 위해 특정 신호전달물질은 특정 수용체에만 반응합니다. 마치 열쇠와 자물쇠처럼 말이죠. 신호전달물질을 내보내는 세포를 분비세포, 신호전달물질을 받아 반응하는 세포를 표적세포라고 하며, 수용체에 결합한 신호전달물질을 리간드(Ligand)라고 부릅니다.

세포들은 신호전달물질을 주고받으며 생명 활동을 영위합니다. 세포들이 수행하는 생명 활동은 모두 인체에서 일어나는 화학 반응입니다. 이렇게 세포들이 화학 반응을 통해 생명 활동을 이어가는 과정을 대사라고 합니다. 흔히 듣는 "신진대사가 원활해야 건강하다"라는 말에서 나오는 대사가 바로 이 과정을 의미합니다.

세포가 만들어내는 신호전달물질은 모두 단백질로 이루어져 있습니다. 즉, 세포의 중요한 역할 중 하나는 단백질을 합성하는 것입니다. 세포는 어떻게 단백질을 합성할까요? 세포의 내부 구조와 그 안에 있는 각각의 세포소기관을 통해 세포가 단백질을 합성하는 과정을 알아보겠습니다.

세포의 내부 구조와
세포소기관의 역할

세포소기관

그림 1-7에 있는 세포의 내부 그림을 보면서 세포소기관(organelle, 오가넬)의 역할을 배워보겠습니다.

세포의 가장 겉면에는 ① 세포막이 있습니다. 세포막은 세포를 감싸고 있는 일종의 보호막으로, 불필요한 물질이 세포 내부로 들어오는 것을 막아 세포 안의 환경을 일정하게 유지합니다. 세포막 표면에는 앞서 설명한 신호전달 물질을 받는 수용체가 있습니다.

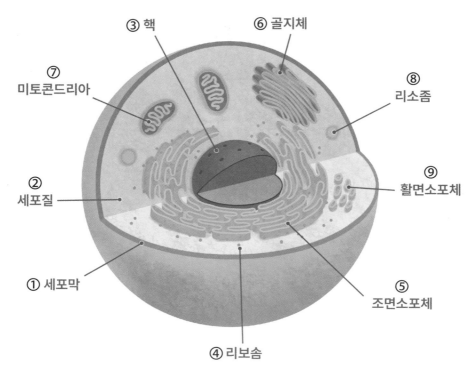

③ 핵　　　　⑥ 골지체

⑦ 미토콘드리아　　　　⑧ 리소좀

② 세포질　　　　⑨ 활면소포체

① 세포막　　　　⑤ 조면소포체

④ 리보솜

| 그림 1-7. 세포 안에 존재하는 다양한 세포소기관의 모습 |

　　세포소기관이 존재하지 않는 세포 내부의 공간을 ②세포질이라고 부릅니다. 세포질은 반투명한 액체로 이루어져 있습니다.

　　세포의 내부에는 다양한 기능을 수행하는 세포소기관이 존재합니다. 가장 먼저 살펴볼 세포소기관은 ③핵입니다. 이름부터 뭔가 중요해 보이죠? 실제로도 매우 중요해서 가장 깊숙한 곳에 위치해 있습니다. 핵은 핵막(내막과 외막)으로 보호받는데, 핵막에 있는 핵의 구멍(핵공)을 통해 필요한 물질이 핵 안팎으로 이동할 수 있습니다. 핵 안에 무엇이 들어 있길래 이렇게 꽁꽁 숨겨 보관하는 걸까요? 핵 안에는 DNA(Deoxyribonucleic Acid, 디옥시리보핵산)와 RNA(Ribonucleic Acid, 리보핵산)가 있습니다. 이 둘을 핵산이라고 부릅니다. DNA와 RNA는 뒤에서 다시 설명드리겠습니다.

세포는 수많은 종류의 단백질을 합성합니다. 단백질을 이루는 구성 요소는 20여 종의 아미노산(Amino acid)으로, 아미노산이 일렬로 연결된 짧은 사슬을 펩타이드(peptide), 펩타이드가 연결된 긴 사슬을 폴리펩타이드(polypeptide, #폴리펩티드*)라고 부릅니다. 그리고 폴리펩타이드가 모여 단백질이 됩니다. 이때, 아미노산의 배열과 입체 구조에 따라 단백질의 기능이 달라집니다.

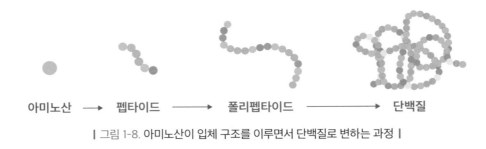

아미노산 ⟶ 펩타이드 ⟶ 폴리펩타이드 ⟶ 단백질

| 그림 1-8. 아미노산이 입체 구조를 이루면서 단백질로 변하는 과정 |

조면소포체 표면과 세포질 내부에 있는 ④리보솜(Ribosome)은 아미노산을 생산합니다. 리보솜이 아미노산을 연결해 폴리펩타이드로 만들면, ⑤조면소포체(Rough Endoplasmic Reticulum, RER)의 여러 효소가 단백질로 기능할

---

*   번역에 따라 폴리핍티드로도 불립니다. 즉, 폴리펩타이드와 폴리펩티드는 같은 의미입니다. 이렇게 같은 의미를 지닌 다른 단어들은 #으로 표기했습니다.

수 있도록 입체 구조로 만듭니다. 이렇게 입체 구조를 만드는 과정을 단백질의 접힘(#폴딩)이라고 합니다. ⑥골지체(Golgi body)는 단백질에 당 등을 붙여 (당단백질) 최종 형태로 완성하고, 단백질을 필요한 곳으로 보냅니다.

세포는 다양한 화학 반응을 이용해 수만 가지의 단백질을 만들어냅니다. 화학 반응에는 에너지가 필요한데, 이 에너지(ATP, 아데노신 3인산)는 ⑦미토콘드리아(Mitochondria)가 제공합니다.

무엇인가를 만들면, 쓰레기가 나오기 마련입니다. 이 쓰레기를 처리하는 세포소기관이 바로 ⑧리소솜(Lysosome)입니다. 리소솜은 오래된(손상된) 단백질을 포함해 불필요한 물질을 분해합니다.

마지막으로 조면소포체 옆에 있는 ⑨활면소포체(Smooth Endoplasmic Reticulum, SER)는 지질과 호르몬 등을 합성합니다.

DNA와 RNA

세포는 자기가 해야 할 일을 어떻게 알 수 있을까요? 정답은 핵 안에 있는 DNA에 있습니다. DNA는 이중나선 구조의 분자입니다. 이 DNA에 세포가 해야 할 역할과 만들어야 하는 단백질 등 생명 활동과 관련한 모든 정보가 담겨 있습니다. 세포는 이 DNA에 적힌 지시 사항대로 일생을 살아갑니다.

DNA에 담긴 정보 중에서 특정 구간에 있는, 즉 특정한 기능을 수행하는 정보를 유전자(Gene)라고 합니다. 인간의 DNA에는 20,000~25,000개의 유전자가 있습니다. 세포가 유전자를 바탕으로 특정 기능을 수행할 때, 그 유전자가 발현되었다고 표현합니다. 예를 들어, 폐세포는 DNA에 있는 방대한 정보 중에서 폐와 관련한 유전자를 발현해 맡은 역할을 수행하고, 뇌세포는 뇌와 관련한 유전자를 발현해 필요한 일을 해냅니다.

DNA에는 아미노산의 입체 구조, 즉 단백질의 생산과 관련한 정보도 담겨 있습니다. 리보솜은 DNA의 정보를 바탕으로 아미노산을 합성합니다. 단, DNA에는 너무 방대한 정보가 담겨 있어 세포는 DNA에서 필요한 정보만 복사해서 리보솜에 전달합니다. 이렇게 필요한 정보만 담긴 복사본이 바로 RNA

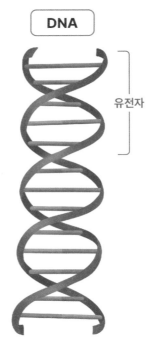

| 그림 1-9. 생명 활동과 관련한 모든 정보가 담겨 있는 DNA와 특정 기능에 관한
정보가 담겨 있는 유전자 |

입니다. DNA가 모든 정보가 담긴 설계도 원본이라면, RNA는 필요한 정보만 담은 설계도 사본인 셈입니다.

DNA에서 필요한 정보를 RNA로 담는 과정을 전사(Transcription), 리보솜이 RNA를 바탕으로 단백질을 합성하는 과정을 번역(Translation)이라고 합니다. 이렇게 세포는 전사와 번역을 통해 단백질을 합성합니다.[*]

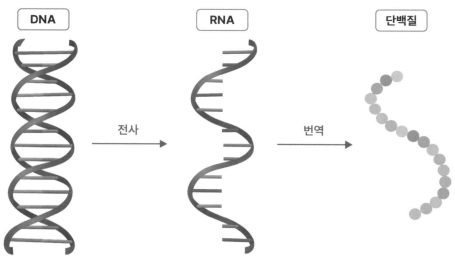

| 그림 1-10. 세포가 단백질을 합성하는 과정 |

---

[*] 유전 정보가 세포 내에서 어떻게 전달되고(전사), 단백질로 발현되는지(번역)를 설명하는 기본 원칙을 중심원리(central dogma)라고 합니다. 중심원리를 통해 DNA → RNA → 단백질로 이어지는 유전 정보의 흐름을 이해할 수 있습니다.

진짜 하루만에 이해하는 제약·바이오 산업

1. 생명체를 이루는 기본 단위, 세포

세포의 분열과 분화

난자와 정자가 결합해 수정란이 되고, 수정란은 생성된 지 약 24시간 후에 분열을 시작해 두 배씩 늘어납니다. 이처럼 하나의 세포가 분열하여 두 개의 새로운 세포를 만드는 것을 세포 분열이라고 합니다.

세포 분열을 통해 탄생한 세포들은 혈액을 만드는 세포, 근육을 만드는 세포, 신경을 이루는 세포, 간을 만드는 세포, 췌장을 만드는 세포 등 각자 고유한 역할을 담당하는 세포로 변신합니다. 이렇게 미성숙한 세포가 특정한 기능(역할)을 갖추면서 성숙한 세포로 변화하는 과정을 분화라고 합니다.

| 그림 1-11. 세포 분열이 진행되는 모습 |

역할이 비슷한 세포들이 모여 조직을 이루고, 조직이 모여 장기와 기관을 형성합니다. 즉, 우리 몸을 구성하는 기본 단위는 세포입니다.

신호전달물질

세포들은 대화의 수단으로 신호전달물질을 주고받습니다. 세포 표면에는 신호전달물질을 받기 위한 수용체가 있는데, 특정 수용체에는 특정 신호전달물질만 결합할 수 있습니다. 수용체에 결합한 신호전달물질을 리간드라고 합니다.

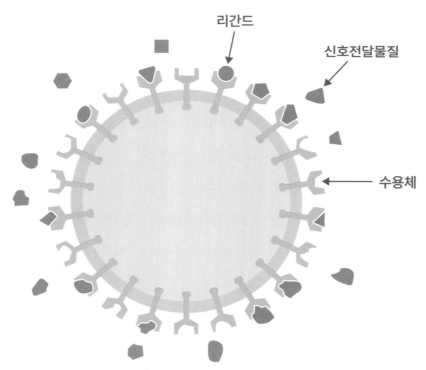

| 그림 1-12. 세포 표면에 있는 각각의 수용체와 수용체에 결합하는 신호전달물질 |

진짜 하루만에 이해하는 제약·바이오 산업

세포가 만들어내는 신호전달물질은 모두 단백질로 이루어져 있습니다. 즉, 세포의 중요한 역할 중 하나는 단백질을 합성하는 것입니다. 단백질의 합성은 세포 내부에 있는 세포소기관에서 진행됩니다.

2. 세포의 내부 구조와 세포소기관의 역할

단백질은 20여 종의 아미노산으로 이루어져 있는데, 아미노산의 배열과 입체 구조에 따라 단백질의 기능이 달라집니다. 세포가 단백질을 합성하는 과정은 다음과 같습니다.

아미노산 ⟶ 펩타이드 ⟶ 폴리펩타이드 ⟶ 단백질

┃ 그림 1-13. 아미노산이 입체 구조를 이루면서 단백질로 변하는 과정 ┃

생명 활동과 관련한 모든 정보는 핵 안에 있는 DNA에 담겨 있습니다. 세포는 DNA에서 필요한 정보를 복사해서 세포소기관인 리보솜에 전달합니다. 이때 필요한 정보만 담긴 복사본이 바로 RNA입니다. 리보솜은 RNA의 정보를 바탕으로 아미노산을 생산하고, 이를 연결해 폴리펩타이드로 만듭니다. 이후 조면소포체는 이것을 다시 입체 구조로 만들고, 골지체에서 당 등을 붙여 최종 형태로 완성해 필요한 곳으로 보냅니다.

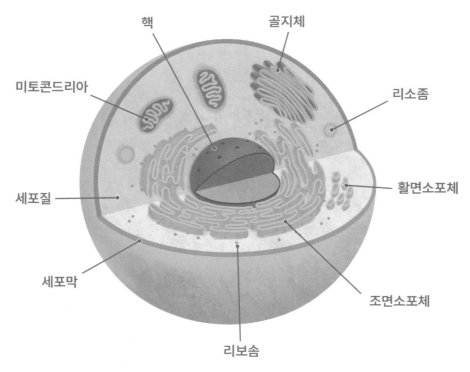

핵   골지체

미토콘드리아   리소좀

세포질   활면소포체

세포막   조면소포체

리보솜

∣ 그림 1-14. 세포 안에 존재하는 다양한 세포소기관의 모습 ∣

DNA에서 필요한 정보를 RNA로 담는 과정을 전사, 리보솜이 RNA를 바탕으로 단백질을 합성하는 과정을 번역이라고 합니다. 이렇게 세포는 전사와 번역을 통해 단백질을 합성합니다. 이를 중심원리라고 합니다.

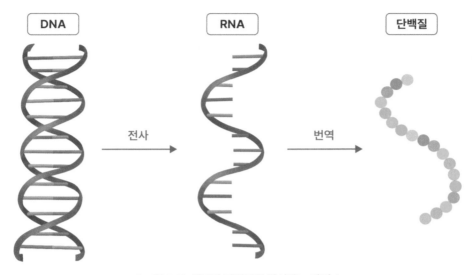

| 그림 1-15. 세포가 단백질을 합성하는 과정 |

1. 에너지를 만들 때는 산소가 필요합니다.

세포소기관인 미토콘드리아는 산소를 어디에서 얻나요?

호흡을 통해 산소를 들이마시면, 산소는 폐에서 헤모글로빈(Hemoglobin)과 결합해 몸 구석구석의 조직으로 옮겨집니다. 헤모글로빈은 조직에 도달하면 산소를 방출하고, 이 산소가 혈액을 통해 세포로, 세포에서 미토콘드리아로 이동하죠. 미토콘드리아에서 에너지를 만들 때 부산물로 이산화탄소가 생성되는데, 이 이산화탄소는 세포에서 혈액으로 이동한 후, 폐를 거쳐 몸 밖으로 방출됩니다. 우리가 호흡을 통해 산소를 마시고, 이산화탄소를 내뿜는 과정이 실은 세포 하나하나가 호흡하는 과정인 것입니다.

2. 줄기세포란 무엇인가요?

우리 몸을 이루는 수많은 세포는 사실 하나의 세포, 즉 수정란에서 비롯되었습니다. 달리 말하면, 수정란은 그 어떤 세포로도 변신할 수 있다는 의미죠. 수정란이 분열하여 줄기세포가 되고, 줄기세포는 서로 다른 역할을 하는 각각의 세포로 분화되므로 사실상 줄기세포가 만능세포인 셈입니다. 막 분열을 시작한 수정란을 배아(Embryo)라고 하는데, 배아에 들어 있는 줄기세포가 바로 배아줄기세포(Embryonic stem cell)입니다.

배아줄기세포를 분화시켜 필요한 조직과 장기를 생성할 수 있다면, 수많은 질병을 치료할 수 있겠죠? 그러나 현실에서 줄기세포와 관련한 연구는 매우 제한적으로 진행되고 있습니다. 줄기세포를 얻기 위해서는 수정란을 파괴해야 하는데, 보통 수정란 단계부터 생명으로 보기 때문에 이를 파괴할 경우 윤리적인 문제가 발생합니다. 그래서 대안으로 나온 것이 성체줄기세포와 만능 유도 줄기세포입니다.

성체줄기세포는 특정한 세포로만 분화할 수 있는 줄기세포를 말합니다. 신체의 각 조직에는 성체줄기세포가 있습니다. 조직이 손상되면 성체줄기세포가 해당 조직의 세포로 분화하여 손상이 복구되죠. 예를 들어, 피부가 손상되면 피부 조직에 있던 성체줄기세포가 피부세포로 분화해 피부가 재생됩니다. 배아줄기세포처럼 만능세포는 아니지만, 여러 세포로 분화할 수 있고 골수, 지방 조직, 피부, 심지어 혈액 등에서 채취할 수 있으므로 윤리적인 문제에서 자유롭습니다. 이러한 이유로 관련 연구가 활발하게 진행되고 있는데, 2023년에 카톨릭대학교 김성원 교수 연구팀이 3D 바이오 프린팅 기술을 이용해 타인의 성체줄기세포로 인공 장기를 만들어 이식에 성공한 사례가 좋은 예입니다.

한편 성숙한 세포에 특정 유전자를 삽입해 역분화를 유도하면 다양한 세포로 분화할 수 있는 만능 유도 줄기세포(#역분화 줄기세포)를 얻을 수 있습니다. 아직 초기 단계의 연구이지만, 윤리적인 문제에서 자유롭고, 배아줄기세포의 장점인 만능성을 지닌다는 점에서 주목받고 있습니다.

3. 세포 연구를 가능케 한 현미경

대부분의 세포는 눈으로 볼 수 없을 만큼 그 크기가 매우 작습니다. 세포를 연구하려면 세포를 볼 수 있어야겠죠? 이런 이유로 세포 연구는 현미경의 발전과 그 궤를 함께합니다.

17세기에 네덜란드의 안톤 반 레이우엔훅(Anton van Leeuwenhoek)이 최초로 고배율 현미경을 발명합니다. 그는 이 현미경으로 온갖 것을 관찰해 많은 사례를 남겼는데, 특히 물 한 방울 속에 수많은 미생물이 존재한다는 사실을 밝혀내어 과학계를 큰 충격에 빠뜨립니다.

이후 영국의 왕립학회 회원인 로버트 훅(Robert Hooke)이 현미경으로 코르크 나무 조각을 관찰했는데, 내부 구조가 수도원의 작은 방(Cell)과 닮아 있다고 생각해 셀(Cell)*이라는 이름을 붙였습니다. 물론 로버트 훅이 관찰한 건 살아 있는 세포가 아닌, 죽은 식물세포의 세포벽이었지만, 이 발견은 생물학에서 세포 이론의 기초를 마련하는 데 중요한 역할을 했습니다.

20세기에 들어와 전자 현미경이 개발되면서 세포 연구는 또 한 번의 혁

---

* 셀을 번역한 용어가 세포(細胞)입니다. 세(細)는 작다, 포(胞)는 주머니의 의미를 갖습니다. 즉, 세포는 작은 주머니라는 의미로 세포 내부의 구조를 직관적으로 표현합니다. 이처럼 학술 용어는 원어 발음을 그대로 쓰지 않고, 개념을 설명하는 새로운 용어로 번역해서 사용합니다.

신을 맞이합니다. 빛 대신 전자를 이용하는 전자 현미경은 사물을 수십만 배까지 확대할 수 있습니다. 덕분에 과학자들은 세포의 내부 구조를 더욱 정밀하게 관찰할 수 있었고, 세포 내의 미토콘드리아, 골지체, 리보솜 등 다양한 세포소기관의 구조와 기능을 이해할 수 있게 되었습니다.

오늘날에는 형광 현미경과 같은 첨단 기술이 도입되어 세포 내 단백질의 위치와 움직임까지 실시간으로 관찰할 수 있게 되었습니다. 세포생물학, 유전학 등 다양한 분야에서 획기적인 연구가 늘어난 이유입니다.

현미경의 발달은 단순한 기술의 진보를 넘어, 생명 현상을 이해하는 데 큰 역할을 하였습니다. 이제 현미경 없이 세포 연구를 한다는 건 상상조차 할 수 없죠. 앞으로도 현미경 기술의 발달과 함께 더욱 많은 것이 발견되리라고 생각합니다.

암과 항암제의
작동 원리

인간을 괴롭히는 질병은 다양합니다. 그중에서 사망률이 가장 높은 질병을 꼽자면 단연 암입니다. 2020년, 전 세계에서 약 1천만 명이 암으로 사망했는데, 이는 전체 사망자 6명 중 1명에 해당하는 비율입니다. 이런 이유로 암은 시장 규모가 가장 크고, 연구·개발에 많은 비용이 투자되고 있으며, 다수의 블록버스터 신약*이 존재합니다. 제약·바이오 산업을 공부할 때, 암 분야부터 보는 이유입니다.

이번 장에서는 암의 정의와 암을 치료하는 항암제의 작동 원리를 공부합니다.

---

* 연간 매출액이 10억 달러(약 1조 3천억 원) 이상인 신약을 말합니다.

암이란
무엇일까?

암의 정의

모든 세포는 각자 맡은 역할을 수행합니다. 그런데 간혹 세포가 손상되어 (혹은 돌연변이) 자신이 맡은 역할은 수행하지 않으면서 계속 분열만 하는 경우가 생깁니다. 이런 세포를 암세포라고 합니다. 대부분의 정상세포는 분화한 후 더 이상 분열하지 않지만 암세포는 새로운 혈관을 생성해 정상세포가 사용할 산소와 영양분을 빼앗으며 계속 분열합니다. 분열 자체가 목적인 것처럼 말이죠. 다행히 우리 몸은 이렇게 세포가 고장 나면 다른 세포가 잡아먹거나

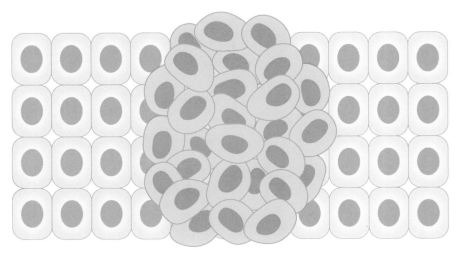

| 그림 2-1. 암세포가 뭉쳐서 종양을 형성한 모습 |

세포가 스스로 죽음을 택하도록 설계되어 있습니다. 하지만 암세포의 분열 속도가 너무 빠르면 암세포끼리 뭉쳐서 덩어리를 이루는데, 이렇게 비정상적으로 자라난 덩어리를 종양(Neoplasia)*이라고 부릅니다.

　　종양은 크게 두 종류로 나뉩니다. 먼저 양성 종양입니다. 양성 종양은 암세포의 분열 속도가 빠르지 않고, 신체의 다른 부위(조직, 장기)로 옮겨가지 않습니다. 따라서 생명에 지장이 거의 없으며 외과적인 수술로 종양을 제거함으로써 치료할 수 있습니다. 반면, 악성 종양은 암세포의 분열 속도가 매우 빠르고, 신체의 다른 부위로 옮겨갑니다. 암세포가 주변 부위로 침투하는 것을 침윤, 체내를 순환하면서 멀리 있는 부위로 옮겨가는 것을 전이라고 합니다. 침

---

* 　종양은 영어로 Tumor라고도 합니다.

윤과 전이가 일어나는 악성 종양이 우리가 흔히 말하는 암(Cancer)입니다. 암세포가 늘어나면 정상세포가 활동하지 못해 조직과 장기가 망가지고, 암세포가 신체의 곳곳으로 퍼지면서 결국엔 사망에 이르게 되므로 암은 굉장히 무서운 질병이라 할 수 있습니다.

그렇다면 암세포는 왜 생기는 걸까요? 세포의 모든 활동은 핵 안에 있는 DNA가 관장합니다. 흡연이나 화학 물질, 스트레스 혹은 부모로부터의 유전 등 여러 요인에 의해 DNA에 이상이 생기면 정상세포가 암세포로 바뀝니다. 물론, 이러한 변화는 한 번에 일어나지 않고, 수십 년에 걸쳐 서서히 진행됩니다.

시장 규모와 현황

암세포의 주요한 특징 중 하나는 내성과 변이입니다. 처음에는 항암제의 효과가 있지만, 곧 암세포가 적응해 내성이 생기고, 암세포의 생존에 유리하도록 유전자 변이*가 일어나면서 치료 효과가 떨어집니다. 마치 두더지 게임처럼 한 곳을 누르면 다른 곳이 튀어나오는 상황이 계속 반복되는 것이죠. 그래서 암을 치료하는 것이 쉽지 않습니다. 항암제 시장이 계속 커지는 이유입니다.

우리 몸은 세포로 이루어져 있으므로, 암은 신체의 어느 부위에서도 생길

---

* 유전자의 구조나 기능이 바뀌는 것을 말합니다.

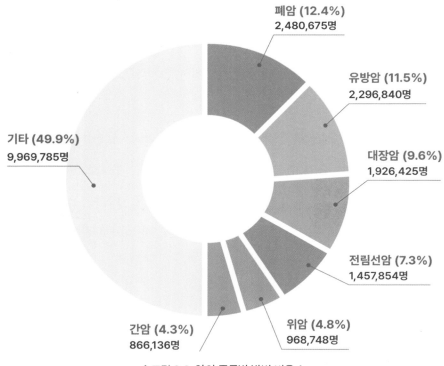

폐암 (12.4%)
2,480,675명

유방암 (11.5%)
2,296,840명

대장암 (9.6%)
1,926,425명

기타 (49.9%)
9,969,785명

전립선암 (7.3%)
1,457,854명

위암 (4.8%)
968,748명

간암 (4.3%)
866,136명

| 그림 2-2. 암의 종류별 발병 비율 |

수 있습니다. 2022년, WHO(World Health Organization, 세계보건기구)에 따르면 발병률 기준으로 1위는 폐암, 2위는 유방암, 3위는 대장암, 4위는 전립선암, 5위는 위암, 6위는 간암입니다. 중요한 건, 발병률이 높다고 해서 반드시 사망률도 높은 것은 아니라는 것입니다. 예를 들어, 4위를 차지한 전립선암은 수술이나 항암제로 치료할 수 있기에 사망률이 낮지만, 췌장암은 치료가 어려워 발병률 대비 사망률이 높습니다. 그림 2-3에서 볼 수 있듯이 발병률과 사망률이 높은 암일수록 시장 규모가 크고 지속적으로 성장하기 때문에 글로벌 제약·바이오 기업들은 이러한 암들에 많은 관심을 보이고 있습니다.

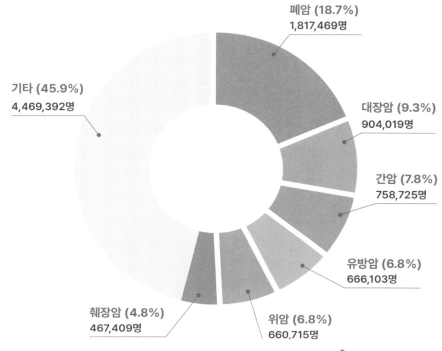

폐암 (18.7%)
1,817,469명

대장암 (9.3%)
904,019명

간암 (7.8%)
758,725명

유방암 (6.8%)
666,103명

위암 (6.8%)
660,715명

췌장암 (4.8%)
467,409명

기타 (45.9%)
4,469,392명

| 그림 2-3. 전체 암 사망자 중, 암의 종류별 사망 비율* |

암의 치료

암을 치료하는 방법은 크게 세 가지입니다. 첫째는 외과적 수술입니다. 양성 종양이거나 악성 종양이더라도 아직 주변으로 퍼지지 않은 초기 단계라면, 해당 부위를 절제하는 수술을 통해 치료 효과를 볼 수 있습니다. 둘째는

---

* 암으로 인한 전체 사망자를 100으로 했을 때, 암의 종류별 사망 비율입니다.

방사선 치료입니다. X선, 감마선 등 고에너지의 방사선을 이용해 암세포를 죽이는 방법입니다. 셋째는 항암제 투여입니다. 암세포를 죽이거나 분열을 억제하는 약을 사용해 암을 치료하는 방법입니다. 우리가 공부할 제약·바이오 산업이 바로 여기에 해당합니다. 보통 어느 한 가지 방법만 사용하지 않고, 여러 방법을 함께 씁니다. 예를 들어, 수술을 하기 전에 종양의 크기를 줄이거나, 수술 후에 남아 있는 암세포를 사멸하기 위해 방사선 치료와 항암제 투여를 병행하는 것이죠.

그럼, 지금부터 제약·바이오 산업에서 가장 큰 비중을 차지하는 항암제에 대해 자세히 배워보겠습니다.

항암제의
세대별 분류

1세대 항암제

　20세기 이전에는 암 치료의 유일한 방법은 수술이었습니다. 하지만 1세대 항암제로 불리는 화학 항암제가 등장하면서 수술로 제거할 수 없는 크기의 암을 치료할 수 있게 됩니다. 화학 항암제는 화학 물질을 이용해 암세포를 직접 사멸하거나 세포 분열 과정을 방해하는 방식의 항암제로, 세포 독성 항암제라고도 부릅니다.

　화학 항암제는 모든 암에 사용할 수 있다는 장점이 있지만, 약물이 신체

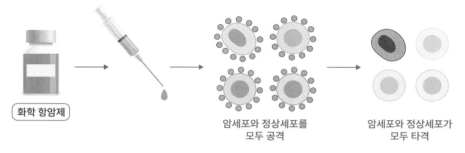

암세포와 정상세포를
모두 공격

암세포와 정상세포가
모두 타격

| 그림 2-4. 화학 항암제의 작동 원리 |

전체로 이동하면서 암세포뿐 아니라 빠르게 성장하는 정상세포, 예를 들면 혈액세포, 모근세포, 상피세포, 생식세포 등을 함께 공격한다는 단점이 있습니다. 이런 이유로 빈혈과 백혈구 감소, 탈모, 설사, 생식 기능 장애 등의 부작용이 뒤따르곤 합니다. 과거 영화나 드라마를 보면 암 치료를 받는 주인공의 머리카락이 다 빠져서 모자를 쓰는 장면이 나오는데, 이는 1세대 화학 항암제의 부작용을 잘 보여줍니다. 이러한 부작용 때문에 단독으로 쓰이기 보다는 2세대, 3세대 항암제를 보조하는 용도(병용 투여)로 사용됩니다.

2세대 항암제

1세대 항암제가 세포 자체를 공격했다면, 2세대 항암제는 암세포의 성장, 분열, 생존에 필수적인(or 암세포의 원인이 되는) 특정 물질(단백질, 유전자)을 타깃으로 합니다. 이런 이유로 2세대 항암제를 표적 항암제라고 부릅니다. 1세

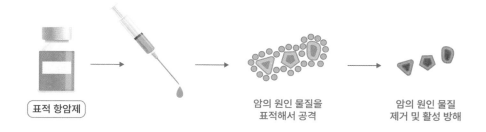

| 그림 2-5. 표적 항암제의 작동 원리 |

대 항암제가 암세포와 건강한 세포를 구분하지 않는 넓은 그물이라면, 2세대 항암제는 암세포만을 타깃으로 하는 정교한 낚시 바늘에 비유할 수 있습니다. 표적으로 하는 물질 또는 특정 신호전달경로를 정확하게 공격(차단)하기 때문에 효과가 뛰어나며 건강한 세포에 미치는 영향을 최소화할 수 있습니다.

그러나 암세포가 특정 부위를 지속적으로 공격받으면 이에 대한 내성이 생기거나, 유전자 변이가 발생해 또 다른 암으로 진화할 수 있습니다. 즉, 표적 항암제는 암의 가장 큰 특징인 내성과 변이가 상대적으로 잘 나타납니다. 또한 대상으로 하는 타깃이 명확하므로, 같은 암이더라도 해당 타깃으로 인한 발병이 아니라면 사용하기가 어렵다는 단점이 있습니다.

3세대 항암제

우리 몸에는 외부의 침입자(세균, 바이러스) 또는 암세포와 같은 비정상적인 세포를 공격할 수 있는 면역세포들이 있습니다. 3세대 항암제인 면역 항암제는 면역세포를 활성화하거나 면역세포의 활동을 막는 물질을 억제함으로써 암을 치료합니다.

면역 항암제는 신체 내부의 면역세포를 이용하므로 다양한 암에 사용할 수 있고, 화학 물질로 암세포 또는 특정 물질을 직접 공격하는 1세대, 2세대보다 부작용이 적습니다. 다만, 효과가 나타나기까지 시간이 오래 걸리고, 면역 기능이

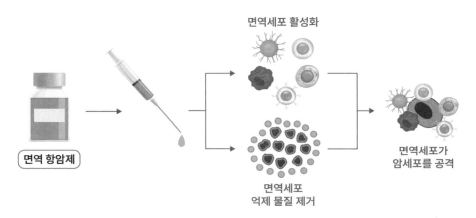

| 그림 2-6. 면역 항암제의 작동 원리 |

세대 구분		장점	단점
1세대	화학 항암제	모든 암에 사용할 수 있음	정상세포도 함께 손상됨
2세대	표적 항암제	타깃이 명확하므로 더 큰 치료 효과를 기대할 수 있고, 부작용이 상대적으로 덜함	내성과 변이가 발생, 명확한 타깃이 있을 때만 사용할 수 있음
3세대	면역 항암제	다양한 암에 사용할 수 있고, 부작용이 적음	효과가 나타나기까지 오래 걸림, 면역 반응이 지나치게 활성화될 수 있음

| 표 2-1. 항암제의 세대별 분류 |

진짜 하루만에 이해하는 제약·바이오 산업

지나치게 활성화되어 자가면역질환과 같은 부작용이 나타날 수 있습니다.

1세대, 2세대, 3세대 항암제는 암을 치료하는 원리가 서로 다릅니다. 각 항암제의 작동 원리를 이해하기 위해서는 우리 몸, 그중에서도 면역 시스템에 관한 지식이 필요합니다. 지금부터 인체의 면역 시스템을 알아보겠습니다.

면역
시스템

암세포를 발견하면 우리 몸의 방어 시스템인 면역 체계가 작동합니다. 면역 체계는 크게 선천성 면역(#자연 면역)과 후천성 면역(#획득 면역, #적응 면역)으로 나눕니다. 선천성 면역을 담당하는 면역세포로는 대식세포와 NK세포, 수지상세포 등이 있으며, 후천성 면역을 담당하는 면역세포로는 T세포와 B세포 등이 있습니다. 그림 2-7을 보면서 각 면역세포의 역할을 공부해 보겠습니다.

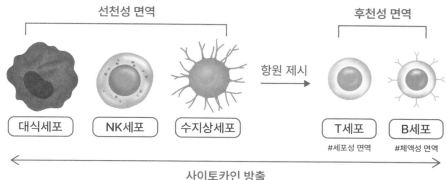

| 그림 2-7. 인체의 다양한 면역세포 |

선천성 면역세포

비정상세포인 암세포가 증식하면 먼저 대식세포가 움직입니다. 이름에서 연상할 수 있듯이 대식세포는 암세포를 먹어 치웁니다. 대식세포 외에도 암세포를 먹어 치우는 면역세포들이 있는데 이들을 통칭해 식세포(#포식세포)라고 부릅니다. 아쉽게도 대식세포만으로는 암세포를 모두 없애기가 힘듭니다. 그래서 다른 면역세포들을 자극하는 물질(단백질)인 사이토카인(Cytokine)을 방출합니다. 제약·바이오 산업을 공부하다 보면 사이토카인이란 용어를 자주 접하게 되는데, 사이토카인은 염증 반응의 하나로 면역세포끼리 주고받는 신호전달물질이라고 이해하면 쉽습니다.[*]

---

[*] 인터루킨(IL), 인터페론(IFN), 종양괴사인자(TNF), 케모카인 등이 대표적인 사이토카인 물질입니다. 대식세포뿐 아니라 다른 면역세포들도 서로 사이토카인을 주고받습니다.

대식세포가 사이토카인을 방출하면 NK세포(Natural Killer Cells)가 활성화되어 암세포를 함께 공격합니다. 자연살해세포라는 이름처럼 NK세포는 암세포를 발견하면 신속하게 파괴합니다. 탁월한 공격력으로 암세포의 성장과 전이를 막는 데 큰 역할을 하죠.

선천성 면역세포인 대식세포와 NK세포는 비정상세포인 암세포를 바로 알아볼 수 있지만, 후천성 면역세포인 T세포와 B세포에는 그런 능력이 없습니다. 따라서 어떤 세포가 암세포인지를 알려줘야 합니다. 어떻게 알려줄 수 있을까요?

모든 세포는 표면에 고유한 분자를 발현합니다. 이 분자를 항원(Antigen)이라고 합니다. 항원은 일종의 신분증과 같은 역할을 하며, 면역세포는 항원을 보고 이 세포가 정상세포인지, 암세포인지를 구분할 수 있습니다. 선천성 면역세포인 수지상세포는 암세포를 포식한 다음, 암세포의 항원을 MHC(Major Histocompatibility Complex, 주조직 적합성 복합체) 분자와 결합해 자신의 표면에 제시합니다. T세포와 B세포는 수지상세포의 항원 제시를 통해 암세포를 식별할 수 있죠. 수지상세포처럼 항원을 제시하는 세포를 항원제시세포(APCs)라고 합니다.*

---

* 수지상세포 외에도 항원제시세포가 여럿 있습니다. 이 중에서는 수지상세포가 가장 대표적인 항원제시세포입니다.

후천성 면역세포

항원 정보를 전달받으면, 이제 T세포와 B세포도 전쟁에 뛰어듭니다. T세포는 헬퍼 T세포(#보조 T세포), 킬러 T세포(#세포 독성 T세포), 기억 T세포로 나뉩니다. 헬퍼 T세포는 항원이 위험한지 아닌지를 판단합니다. 위험하다는 판단이 서면, 사이토카인을 방출해 다른 면역세포들이 암세포를 공격하도록 합니다. 킬러 T세포는 그 이름에서 알 수 있듯이 독성 물질을 분비하여 암세포를 직접 사멸합니다. 기억 T세포는 암세포의 항원을 기억합니다. 덕분에 나중에 동일한 암세포를 발견했을 때, 다른 면역세포들이 재빨리 반응할 수 있습니다. 이렇게 세포, 특히 T세포가 면역 반응을 수행하는 것을 세포성 면역이라고 합니다.

T세포는 싸우는 과정에서 면역 물질인 사이토카인을 방출하는데, 사이토카인이 과하게 분비되면 정상세포까지 공격하는 부작용이 발생합니다. 이를 사이토카인 폭풍이라고 합니다. 따라서 우리 몸은 T세포가 너무 강하게 활성화되지 않도록 하는 제어하는 장치를 가지고 있습니다.

B세포는 암세포를 직접 공격하지 않고 항체(Antibody)를 분비합니다. 항체는 특정한 항원과 결합해 면역 반응을 유도하는 단백질입니다. 면역 글로불린(Immunoglobulin, Ig)으로도 불리며[*], 체액을 따라 이동하면서 암세포의 항원과 결합해 암세포의 활동을 억제하고, 다른 면역세포들이 암세포를 더 쉽

---

[*]   정확하게는 항체가 조금 더 큰 범위이지만, 같은 의미로 쓰이는 경우가 많습니다.

B세포

항체

항원

암세포

| 그림 2-8. B세포가 분비한 항체가 암세포의 항원에 결합한 모습 |

게 찾을 수 있도록 합니다. 또한 항체는 바이러스나 세균 등의 병원체가 뿜어
내는 독소를 없앨 수 있는데, 독소를 중화한다는 의미에서 중화항체라고도 부
릅니다. 항체는 체액을 따라 이동합니다. 이렇게 체액의 물질(ex. 항체)이 면역
반응을 수행하는 것을 체액성 면역이라고 합니다.

항암제의
작동 원리

항체 의약품과 항체 약물 접합체

1. 항체 의약품

앞에서 우리는 B세포가 분비하는 항체를 배웠습니다. 항체는 특정한 항원과만 결합합니다. 이렇게 항체와 항원의 특이적 결합을 이용해 질병을 치료하는 의약품을 항체 의약품이라고 합니다. 암세포는 표면에 특정 항원이 발현되어 있습니다. 이 항원에 결합하는 항체를 인위적으로 만들어 주입하면, 항체와 항원이 결합하면서 면역 반응이 유도되어(암세포의 활동 억제, 면역세포의 공격 활성) 암을 치료할 수 있습니다.

항체의 구조는 다음과 같습니다. 그림 2-9의 왼쪽을 봐주세요. 항체는 중사슬(#중쇄)과 경사슬(#경쇄)이 결합된 Y 자 형태입니다. 중사슬은 Y 자를 이루는 가운데 부분을, 경사슬은 Y 자 겉면에 있는 막대기 모양의 영역을 의미합니다. 중사슬과 경사슬이 합쳐져 항체를 구성합니다.

이제 그림 2-9의 오른쪽을 볼까요? 중사슬과 경사슬의 상단 끝부분에는 항원이 결합합니다. 이렇게 항원이 결합하는 부위를 항원결합부위(Fab)라고 합니다. 중사슬의 하단 끝부분은 면역세포와 결합합니다. 이 부위를 면역세포 결합부위(Fc)라고 합니다.

항원과 결합하는 상단 부위는 항원에 따라 변할 수 있습니다. 이런 이유로 이 부분을 가변 영역이라고 합니다. 반면 면역세포와 반응하는 중하단 부위는 변하지 않습니다. 그래서 이 부분을 불변 영역이라고 합니다. 항체 의약

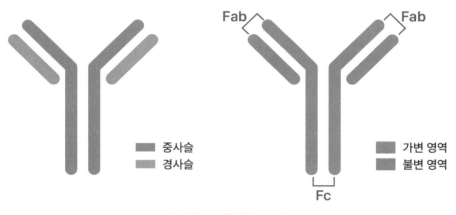

| 그림 2-9. 항체의 구조 |

품은 특정 항원과 결합할 수 있도록 항체의 가변 영역을 조작합니다. 어떤 항원을 표적으로 할 것인지에 따라 다양한 항체 의약품을 만들 수 있습니다.

항체 의약품을 만드는 과정은 다음과 같습니다. 그림 2-10을 함께 봐주세요. 먼저 표적으로 할 항원을 쥐에게 주입합니다. 그럼 쥐의 B세포가 항원과 결합할 항체를 만들겠죠? 이 항체를 얻기 위해 쥐의 B세포를 추출합니다. 그런데 B세포는 수명이 길지 않고, 실험실에서 배양하기가 어렵습니다. 그래서 암세포의 일종으로 무한히 증식하는 골수종 세포와 B세포를 융합합니다. 이렇게 융합된 세포는 B세포의 항체 생성 능력과 골수종 세포의 무한 증식 능력을 지닙니다. 이제 융합된 세포를 실험실에서 배양한 뒤, 필요한 항체를 분리하면 항체 의약품을 만들 수 있습니다. 참고로 융합된 세포 혹은 그 기술을 하이브리도마(hybridoma)라고 합니다.

대부분의 항체 의약품은 그림 2-11의 왼쪽에서 볼 수 있듯이 항체가 특정 항원에만 결합하도록 설계되어 있습니다. 이렇게 특정 항원에만 결합하도록 설계된 항체를 단일클론항체(Monoclonal antibody)라고 합니다. 한편, 단일클론항체를 업그레이드한 이중항체(Bispecific Antibody)에 대한 연구도 활

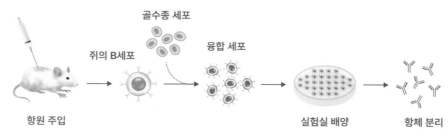

| 그림 2-10. 항체 의약품을 만드는 과정 |

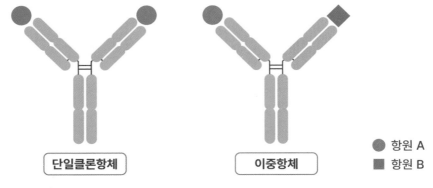

| 그림 2-11. 단일클론항체와 이중항체의 구조 |

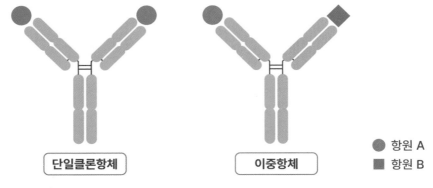 항원 A
■ 항원 B

발히 진행되고 있습니다. 그림 2-11의 오른쪽에서 볼 수 있듯이 이중항체는 두 가지 항원에 반응할 수 있는 항체를 말합니다. 서로 다른 암세포의 항원을 동시에 공략하거나 항체의 한쪽은 암세포의 항원에 결합하고, 다른 한쪽은 T세포의 항원에 결합해 T세포를 암세포 가까이 불러옴으로써 암세포를 더 효율적으로 사멸할 수 있습니다. 다만, 이중항체는 기술적인 어려움과 안전성 등의 이유로 아직까지는 크게 상용화되어 있지 않습니다.

2. 항체 약물 접합체(ADC)

1세대 항암제인 화학 항암제는 암세포를 강력하게 파괴하지만, 그 과정에서 다른 정상세포도 손상됩니다. 화학 항암제가 암세포에서만 작용하도록 만들 수는 없을까요? 항체를 이용하면 가능합니다. 항체는 체내를 순환하면서 특정 항원과 결합하는 특성을 지닙니다. 항체에 화학 항암제를 연결한 다음, 암세포의 항원과 결합할 때 연결을 끊으면 화학 항암제가 암세포에만 작용하여 부작용을 최소화하면서 암세포를 사멸할 수 있습니다. 이와 같은 방식의 항암제가 바로 항체 약물 접합체(Antibody Drug Conjugates, ADC)입니다. 강력한 약물을 사용하는 1세대 항암제와 특정 대상을 표적으로 삼는 2세대 항암제의 장점을 합친 항암제로 항체(Antibody), 약물(Drug) 그리고 항체와 약물을 연결하는 링커(Conjugate)의 앞 글자를 따 ADC라고 부릅니다.

ADC의 작동 원리는 다음과 같습니다. 그림 2-12를 함께 봐주세요. 먼저, 항체(A)를 만들고, 링커(C)를 활용해 이 항체에 아주 강력한 약물(D)을 연결합니다. 이렇게 만들어진 ADC를 환자에게 투여하면 항체가 체내를 돌면서

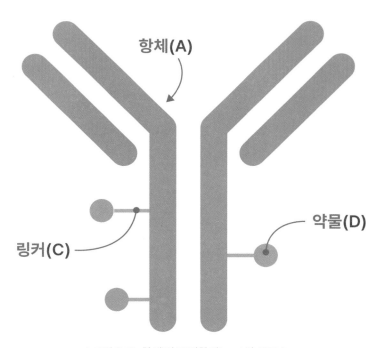

| 그림 2-12. 항체 약물 접합체(ADC)의 구조 |

암세포의 항원과 결합하고, 이때 링커가 끊어지면서 약물이 암세포에만 정확하게 작용합니다. 약물이 마치 전투기에 탑재되는 미사일과 같아서 항체에 연결되는 약물, 즉 유효성분을 페이로드(Payload, 탑재)라고도 부릅니다. .

　　ADC가 제대로 동작하기 위해서는 항체와 약물 그리고 이를 연결하는 링커의 조합이 매우 중요합니다. 특히 링커가 암세포로 가는 도중 엉뚱한 곳에서 끊어지면 큰 부작용이 발생할 수 있어 주의해야 합니다. 이런 이유로 ADC의 개념은 오래전부터 있었지만, 상용화는 최근에서야 이루어졌습니다.

티로신 키나아제 억제제

　　세포는 다른 세포와 신호전달물질을 주고받으며 의사소통을 합니다. 세포의 표면에는 여러 신호전달물질과 결합하기 위한 다양한 수용체가 있습니다. 신호전달물질이 수용체와 결합하면, 핵으로 이어지는 신호전달경로를 통해 세포의 기능이 조절됩니다.

　　그림 2-13을 보면서 좀 더 구체적으로 설명드리겠습니다. EGF(Epidermal Growth Factor, 표피 성장 인자)는 세포의 분열과 이동 등을 조절하는 신호전달물질입니다. EGF가 세포 표면에 있는 EGFR(Epidermal Growth Factor Receptor, 표피 성장 인자 수용체)과 결합하면 신호전달경로가 열리면서 암세포의 성장과 분열을 촉진하는 티로신 키나아제(Tyrosine Kinase)라는 효소가 활성화됩니다.

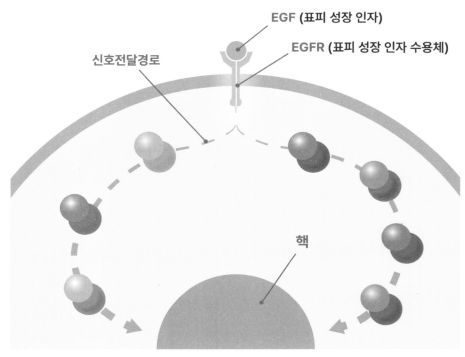

EGF (표피 성장 인자)

EGFR (표피 성장 인자 수용체)

신호전달경로

핵

| 그림 2-13. 신호전달물질이 수용체와 결합하여 신호전달경로가 활성화된 모습 |

　　일부 암은 EGFR이 지나치게 많이 발현되어 있습니다. 이로 인해 EGF 와의 결합이 늘고, 이 결합으로 신호전달경로가 열리면서 티로신 키나아제가 활성화되어 암세포의 성장과 분열이 촉진됩니다. 그래서 신호전달경로를 차 단하거나 티로신 키나아제의 활성을 억제하는 치료법을 씁니다. 이러한 방식 의 항암제를 티로신 키나아제 억제제(Tyrosine Kinase Inhibitor, TKI)라고 합 니다.

면역관문 억제제(저해제)

인체에는 암세포를 사멸할 수 있는 면역 시스템이 있습니다. 그런데 암세포는 어떻게 죽지 않고 계속 분열할 수 있는 걸까요? 이는 암세포가 면역 시스템을 속일 수 있는 능력이 있기에 가능한 일입니다.

후천성 면역세포인 T세포는 매우 강력합니다. 그래서 필요할 때만 활성화되고, 그렇지 않을 때는 억제되어야 하죠. 그림 2-14에서 볼 수 있듯이 항원제시세포가 발현하는 단백질인 CD80, CD40 등이 T세포가 발현하는 단백질인 CD28, CD40L과 결합하면 사이토카인이 분비되면서 T세포가 활성화됩니다. 반면, 그림 2-15에서처럼 항원제시세포가 발현하는 단백질인 CD80 또는 CD86이 T세포가 발현하는 단백질인 CTLA-4와 결합하면 T세포의 활

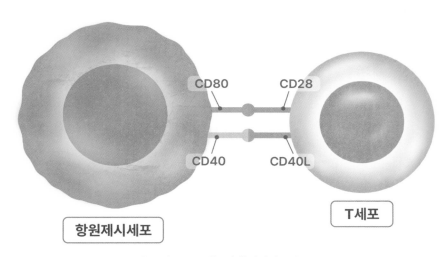

| 그림 2-14. T세포가 활성화된 모습 |

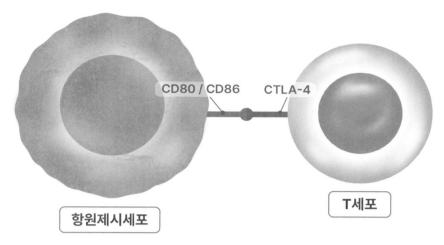

CD80 / CD86   CTLA-4

항원제시세포   T세포

| 그림 2-15. T세포의 활성이 억제된 모습 |

성이 억제됩니다. 이렇게 T세포의 반응을 조절하는 단백질들을 면역관문(immune checkpoint)이라고 부릅니다.[*]

그림 2-16에서 볼 수 있듯이 암세포는 PD-L1이라는 단백질을 발현합니다. PD-L1이 T세포가 발현하는 단백질인 PD-1과 결합하면, T세포의 활성이 억제되어 T세포가 암세포를 공격하지 않습니다. 즉, 암세포는 PD-L1을 T세포의 PD-1에 결합함으로써 면역 시스템을 무력화할 수 있습니다.

암세포가 면역 시스템을 회피하는 것을 막으면 T세포가 활성화되어 암 치료에 도움이 되겠죠? 이러한 방식의 항암제를 면역관문 억제제(또는 면역 항암제)라고 합니다. 면역관문 억제제의 작동 방식은 다음과 같습니다. 그림

---

[*] 이 설명에서 면역관문에 해당하는 단백질은 CD80, CD86, CTLA-4입니다. 나머지는 반응을 촉진하는 역할을 하므로 면역관문에 해당하지 않습니다.

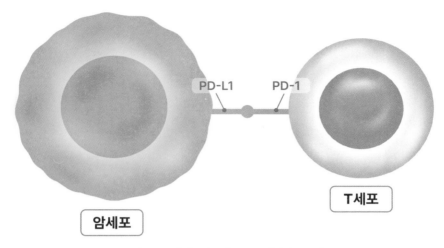

| 그림 2-16. 암세포가 T세포를 무력화하는 모습 |

2-17을 함께 봐주세요.

먼저, T세포가 발현하는 단백질인 PD-1과 결합할 항체를 만들어 환자에게 투여합니다. 항체가 체내를 돌아다니면서 PD-1과 결합하면, 암세포의 PD-L1은 PD-1과 결합할 수가 없습니다. 결국 암세포는 면역 시스템을 속이는 데 실패하고, T세포가 활성화되어 항암 효과를 거둘 수 있습니다.

면역관문 억제제는 면역 반응이 지나치게 활성화되어 자가면역질환 등의 부작용이 발생할 수 있고, 효과를 보이는 환자의 수가 적다는 한계를 지닙니다. 그럼에도 불구하고, 모든 암에 적용될 수 있을 뿐 아니라, 효과를 보이는 환자일 때, 그 효과가 뛰어나다는 점에서 항암 치료의 표준으로 자리잡고 있습니다.

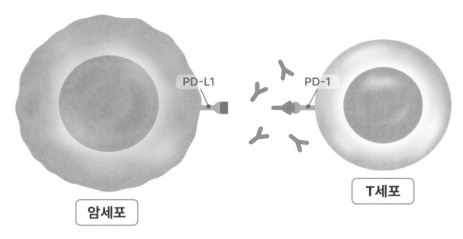

| 그림 2-17. 항체를 이용해 암세포의 면역 회피를 차단한 모습 |

세포치료제

　세포치료제는 살아 있는 세포를 이용해 질병을 치료하는 의약품을 말합니다. 환자 본인의 세포를 사용하면 자가유래 세포치료이고, 다른 사람의 세포를 사용하면 동종유래 세포치료이며, 인간이 아닌 다른 종의 세포를 사용하면 이종유래 세포치료입니다. 암 분야의 대표적인 세포치료제로는 CAR-T가 있습니다. CAR-T는 암세포의 특정 항원을 인식할 수 있는 CAR라는 인공 수용체(항체)를 만들고, 이를 T세포와 결합한 세포치료제입니다. CAR가 암세포의 항원과 결합하면, T세포가 암세포를 공격하는 방식입니다. CAR-T 세포치료제의 작동 원리는 다음과 같습니다. 그림 2-18을 함께 봐주세요.

　먼저, 환자의 몸에서 T세포를 추출합니다. 그다음 T세포에 미리 설계한

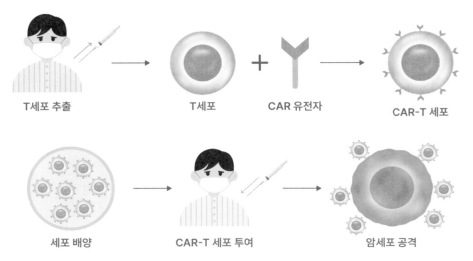

| 그림 2-18. CAR-T 세포치료제의 작동 원리 |

CAR 유전자를 삽입해 T세포 표면에 CAR 수용체(항체)가 발현된 CAR-T 세포를 만듭니다. CAR-T 세포를 충분한 양이 될 때까지 배양한 다음, 환자에게 다시 투여합니다. 이제 CAR-T 세포 표면의 수용체가 암세포의 특정 항원을 찾아 결합하고, T세포가 암세포를 공격합니다.

T세포 중에서 기억 T세포는 한 번 싸웠던 적군을 기억합니다. 이를 면역 기억이라고 하는데, CAR-T 세포에도 기억 T세포가 있으므로, 암이 치료된 후에는 재발하지 않습니다. 즉, 치료 효과가 반영구적입니다. 또한, 특정 암세포만을 타깃으로 할 수 있고, 개인에게 특화된 치료를 할 수 있다는 점에서 면역관문 억제제와 함께 차세대 치료제로 주목받고 있습니다.

다만, 세포를 추출해서 유전자를 조작하고, 이를 다시 환자에게 투여하는 과정에서 긴 시간과 막대한 비용이 들어가고, 환자 본인의 T세포만 사용할 수 있어 대량 생산을 할 수 없다는 단점이 있습니다. 또, 면역 반응을 이용하므로 사이토카인이 지나치게 활성화될 수 있으며, 아직까지는 혈액암*에서만 효과를 볼 수 있습니다.

암세포를 공격하는 대표적인 면역세포로는 선천성 면역의 NK세포와 후천성 면역의 T세포가 있습니다. 그렇다면 NK세포를 이용한 세포치료제를 만들 수 있지 않을까요? 네, 맞습니다. NK 세포치료제도 활발히 연구되고 있습니다. 다만, NK세포는 다른 세포보다 배양하기가 어렵고, 생존 기간이 짧아 보관하기가 까다롭습니다. 이러한 이유로 아직까지는 상용화되어 있지 않습니다.

---

* 암은 크게 고형암(solid tumor)과 혈액암(hematologic cancer)으로 나뉩니다. 고형암은 고체 장기에 발생하는 암, 혈액암은 혈액세포, 골수, 림프계에 발생하는 암입니다. 전체 암 중에서 고형암이 90%, 혈액암이 10%를 차지합니다. 고형암은 항원을 찾기가 쉽지 않고, 암의 항원이 정상세포에도 있어서 CAR-T 세포치료제의 효과가 떨어집니다.

항암제의 유형과
투여 방법(제형)

항암제의 유형

지금까지 여러 항암제의 작동 원리를 살펴보았습니다. 각 항암제를 세대별로 구분하면, 다음과 같습니다.

항체 의약품과 항체 약물 접합체(ADC)는 암세포의 항원을 표적으로 합니다. 티로신 키나아제 억제제 역시 세포의 성장과 분열을 촉진하는 티로신 키나아제 효소를 타깃으로 하죠. 따라서 이 셋은 2세대 표적 항암제에 속합니다.

반면 면역 관문 억제제와 세포치료제는 항체가 사용되지만, 인체의 면역 시스템을 활용한다는 점에서 3세대 면역 항암제로 분류합니다. 특히 T세포의 유전자를 조작하는 세포치료제는 면역 항암제이면서 동시에 유전자 치료제로도 볼 수 있습니다. 3세대 면역 항암제 중에는 암 백신도 있는데, 암 백신은 백신 파트에서 다시 설명해 드리겠습니다.

표적 항암제(2세대)	면역 항암제(3세대)
항체 의약품	면역관문 억제제
항체 약물 접합체(ADC)	세포치료제
티로신 키나아제 억제제	암 백신

| 표 2-2. 항암제의 세대별 구분 |

많은 사람이 2세대가 나오면, 1세대를 쓰지 않고, 3세대가 나오면 2세대를 쓰지 않는다고 오해합니다. 그러나 항암제 시장에서는 암의 종류별로 더 적합한 항암제가 있고, 병용 투여를 통해 1세대, 2세대, 3세대를 섞어서 쓰는 경우가 많습니다. 따라서 세대를 구분하는 것보다는 작동 원리를 이해하는 것이 더 중요합니다.

투여 방법(제형)

약물의 투여 방법, 즉 제형도 중요한 요소입니다. 키나아제 억제제는 분자의 크기가 작아 경구 복용이 가능합니다. 그러나 항체는 분자의 크기가 크고, 위산에 의해 분해되므로 경구 복용을 할 수 없습니다. 따라서 항체 의약품과 항체 약물 접합체(ADC)를 비롯한 대부분의 면역 항암제는 주사기를 이용해 체내에 직접 투여합니다. 주사 방식은 크게 피하지방 주사(Subcutaneous injection, SC), 근육 주사(Intramuscular injection, IM), 정맥 주사(Intravenous injection, IV)로 나뉩니다. 그림 2-19를 보면서 하나씩 알아보겠습니다.

　피하지방 주사(SC)는 피부 아래 지방층에 약물을 투여하는 방식입니다. 약물이 서서히 흡수되어 장시간 효과를 발휘할 수 있고, 신경이나 뼈가 손상될 가능성이 낮아 안전성과 주사의 편의성이 높습니다. 다만, 약물이 느리게 흡수되고, 사용할 수 있는 약물의 용량이 적다는 단점이 있습니다.

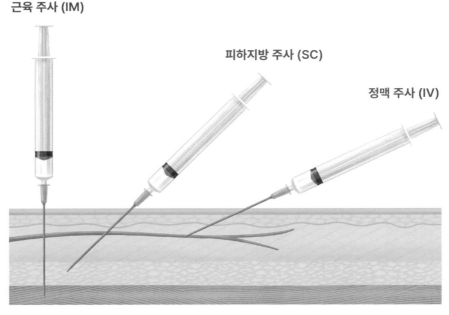

| 그림 2-19. 다양한 주사 방식 |

근육 주사(IM)는 근육층에 약물을 투여하는 방식입니다. 피하지방 주사보다 효과가 빨리 나타나지만, 신경이나 뼈가 손상될 가능성이 있어 투약할 때 전문적인 지식이 필요합니다.

정맥 주사(IV)는 정맥(혈관)에 약물을 투여하는 방식입니다. 직접 혈관으로 약물을 전달할 수 있어 효과가 빠르며, 약물 손실률이 낮다는 장점이 있습니다. 이런 이유로 항암제를 투여할 때 대부분 정맥 주사 방식을 사용합니다. 다만, 정맥 혈관을 찾기가 어려워 의사, 간호사 등 전문가의 투약이 필수적으로 요구되고, 시간이 오래 걸리며(3~5시간), 투여 과정에서 부작용이 생길 수도 있다는 단점이 있습니다. 이러한 단점을 보완하기 위해 2020년을 전후로 IV 제형의 의약품을 SC 제형으로 변경하기 위한 시도가 계속되고 있습니다. 궁극적으로는 경구용이 목표이지만, 기술적인 한계 때문에 SC 제형부터 진행하고 있습니다.

1. 암이란 무엇일까?

아무런 역할도 수행하지 않으면서 계속 분열만 하는 세포를 암세포라고 합니다. 그리고 암세포가 뭉쳐서 생긴 덩어리를 종양이라고 부릅니다. 종양에는 양성과 악성이 있는데, 우리가 흔히 말하는 암은 악성 종양을 의미합니다.

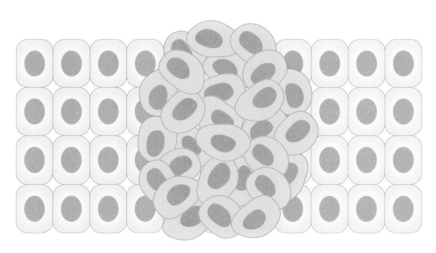

| 그림 2-20. 암세포가 뭉쳐서 종양을 형성한 모습 |

2. 항암제의 세대별 분류

1세대 항암제는 화학 항암제(#세포 독성 항암제)입니다. 화학 물질로 암세포를 직접 공격하는 방식이므로 모든 암에 사용할 수 있지만, 이 과정에서 정상 세포도 손상되는 부작용이 발생합니다. 2세대 항암제는 표적 항암제로 암의 원인이 되는 특정 물질을 타깃으로 합니다. 타깃이 명확하므로 큰 치료 효과를 기대할 수 있고, 화학 항암제보다 부작용이 덜합니다. 다만, 내성과 변이가 상대적으로 잘 나타나고, 해당 타깃으로 인한 발병에만 사용할 수 있다는 단점이 있습니다. 3세대 항암제는 면역 항암제로 인체의 면역 체계를 이용합니다. 다양한 암에 사용할 수 있고 효능이 뛰어나지만, 효과가 늦게 나타나고 면역 반응이 지나치게 활성화되어 자가면역질환 등의 부작용이 발생할 수 있습니다.

3. 면역 시스템

암세포를 발견하면 우리 몸의 방어 시스템인 면역 체계가 작동합니다.

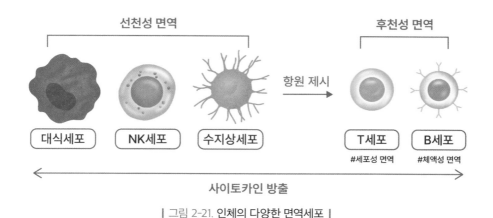

| 그림 2-21. 인체의 다양한 면역세포 |

선천성 면역세포에는 대식세포, NK세포, 수지상세포가 있습니다. 대식세포는 암세포를 먹어 치우고, NK세포는 암세포를 신속하게 파괴합니다. 수지상세포는 암세포를 포식한 다음, 암세포의 항원을 분해해 MHC 분자와 결합한 후, 이를 자신의 표면에 제시합니다. 수지상세포처럼 항원을 제시하는 세포를 항원제시세포라고 합니다.

항원이 제시되면 후천성 면역세포인 T세포와 B세포가 움직입니다. T세포에는 헬퍼 T세포, 킬러 T세포, 기억 T세포가 있습니다. 헬퍼 T세포는 수지상세포가 제시하는 항원의 위험 여부를 판단합니다. 위험하다고 판단되면, 사이토카인을 방출해 다른 면역세포들이 암세포를 공격하도록 합니다. 킬러 T세포는 암세포를 직접 공격합니다. 기억 T세포는 암세포의 항원을 기억해 추후 동일한 암세포를 발견했을 때, 다른 면역세포들이 재빨리 반응할 수 있도록 합니다. 한편, B세포는 항체를 분비합니다. 특정한 항체는 특정한 항원과 결합하는 특성을 지닙니다. 항체가 암세포의 항원과 결합하면 암세포의 활동이 억제되고, 다른 면역세포들이 암세포를 더 쉽게 찾을 수 있습니다.

4. 항암제의 작동 원리

항체 의약품

항체를 인위적으로 만들어서 체내에 주입하면 항체가 암세포의 특정 항원과 결합해 암세포의 활동을 억제하고, 인체의 면역 시스템을 활성화합니다. 이러한 방식의 의약품을 항체 의약품이라고 합니다.

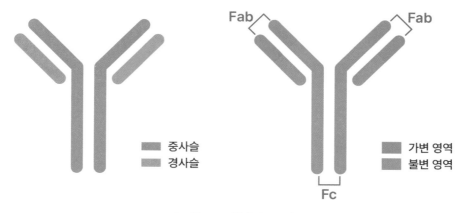

가변 영역
불변 영역

중사슬
경사슬

Fab
Fab

Fc

| 그림 2-22. 항체의 구조 |

항체 약물 접합체(ADC)

화학 항암제는 암세포를 강력하게 파괴하지만, 그 과정에서 다른 정상세포도 손상됩니다. 화학 항암제가 암세포에서만 작용하면 좋겠죠? 항체(A)에 약물(D)을 링커(C)로 연결한 다음, 항체가 암세포의 특정 항원과 결합할 때,

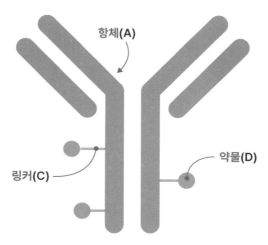

항체(A)

링커(C)

약물(D)

| 그림 2-23. 항체 약물 접합체(ADC)의 구조 |

연결을 끊으면 화학 항암제가 암세포에만 작용하여 부작용을 최소화할 수 있습니다. 이러한 방식의 항암제를 항체 약물 접합체(ADC)라고 합니다.

티로신 키나아제 억제제

일부 암은 암세포의 표면에 EGFR이 지나치게 많이 발현되어 있습니다. 이로 인해 신호전달물질인 EGF와의 결합이 증가하고, 신호전달경로가 열리면서 티로신 키나아제가 활성화되어 암세포의 성장과 분열이 촉진됩니다. 티로신 키나아제 억제제는 신호전달경로를 차단하거나 티로신 키나아제의 활성을 억제하는 방식의 항암제입니다.

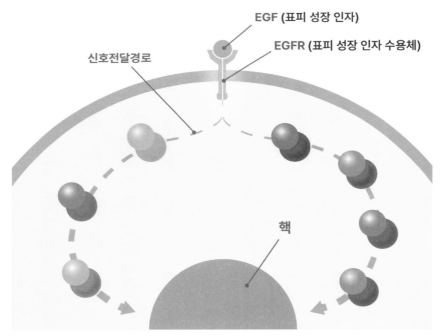

│ 그림 2-24. 신호전달물질이 수용체와 결합하여 신호전달경로가 활성화된 모습 │

면역관문 억제제

암세포는 PD-L1이라는 단백질을 발현합니다. PD-L1이 T세포가 발현하는 단백질인 PD-1과 결합하면 T세포의 활성이 억제되어 T세포가 암세포를 공격하지 않습니다. 암세포는 이런 식으로 면역 시스템을 속입니다. 이때 PD-1과 결합할 항체를 만들어 환자에게 투여하면 항체가 체내를 돌아다니면서 PD-1과 결합하여 PD-L1과의 결합을 막습니다. 결국 암세포는 더 이상 면역 시스템을 속일 수가 없게 되고 T세포가 활성화되어 암세포를 공격합니다. 이러한 방식의 항암제를 면역관문 억제제라고 합니다.

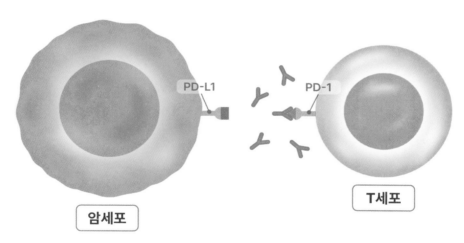

∥ 그림 2-25. 항체를 이용해 암세포의 면역 회피를 차단한 모습 ∥

세포치료제

세포치료제는 살아 있는 세포를 이용해 질병을 치료하는 의약품을 말합니다. 대표적으로 CAR-T가 있습니다. CAR-T 세포치료제의 작동 원리는 다

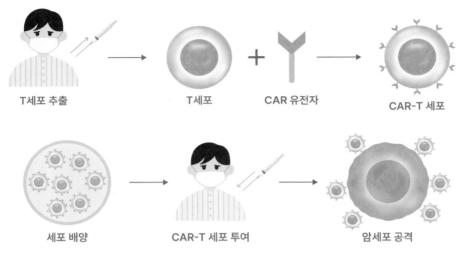

| 그림 2-26. CAR-T 세포치료제의 작동 원리 |

음과 같습니다. 먼저, 환자의 T세포를 추출한 다음, 미리 설계한 CAR 유전자를 삽입해 CAR-T 세포를 만듭니다. 충분한 양이 될 때까지 CAR-T 세포를 배양한 후, 환자에게 다시 투여하면 CAR 수용체(항체)가 암세포의 특정 항원과 결합하고, T세포가 암세포를 공격하여 암을 치료할 수 있습니다.

5. 항암제의 유형과 투여 방법(제형)

항체 의약품과 항체 약물 접합체(ADC)는 암세포의 항원을 표적으로 합니다. 키나아제 억제제는 키나아제 효소를 타깃으로 하죠. 따라서 이 셋은 2세대인 표적 항암제에 속합니다. 면역관문 억제제와 세포치료제는 인체의 면역 시스템을 활용한다는 점에서 3세대인 면역 항암제로 분류합니다.

표적 항암제(2세대)	면역 항암제(3세대)
항체 의약품	면역관문 억제제
항체 약물 접합체(ADC)	세포치료제
키나아제 억제제	암 백신

∣ 표 2-3. 항암제의 세대별 구분 ∣

항암제는 보통 주사기를 이용해 체내에 직접 투여합니다. 주사 방식은 크게 피하지방 주사(Subcutaneous injection, SC), 근육 주사(Intramuscular injection, IM), 정맥 주사(Intravenous injection, IV)로 나뉘는데, 현재 정맥 주사 방식을 가장 많이 사용합니다. 정맥 주사보다는 피하지방 주사의 편의성이 더 높으므로 2020년을 전후로 IV 제형의 의약품을 SC 제형으로 변경하려고 계속 시도하고 있습니다.

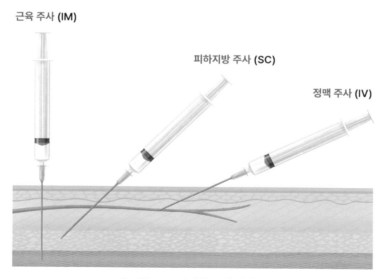

∣ 그림 2-27. 다양한 주사 방식 ∣

1. 키메라 항체와 인간화 항체

쥐의 항체와 인간의 항체는 다르므로, 쥐의 항체가 인간의 몸에 들어오면 면역 반응(거부 반응)이 일어납니다. 그런데 앞에서 본 것처럼 항체 의약품을 만들 때는 쥐의 B세포를 사용합니다. 어떻게 된 일일까요?

DNA 재조합 기술을 이용해 쥐의 항체로 가변 영역을 만들어 특정한 항원과 결합하도록 하고, 나머지 불변 영역은 인간의 항체로 만들어 면역 반응을 최소화했기에 가능한 일입니다. 그리스 신화를 보면 머리는 사자, 몸통은 염소, 꼬리는 뱀인 괴물 키마이라가 나옵니다. 여기에서 착안해 서로 다른 종의 항체를 합친 것을 키메라 항체(Chimeric Antibody)라고 부릅니다.

한편, 인간 항체가 90% 이상이면 인간화 항체(Humanized Antibody), 100%이면 완전 인간화 항체(Fully Human Antibody)라고 합니다. 인간 항체의 비율이 높을수록 면역 반응이 덜 일어나지만, 그만큼 기술적인 난도가 높고 비용이 많이 듭니다. 이러한 이유로 키메라 항체 또한 여전히 사용되고 있습니다.

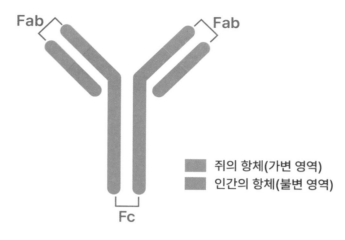

쥐의 항체(가변 영역)
인간의 항체(불변 영역)

| 그림 2-28. 키메라 항체의 구조 |

참고로 키메라 항체라고 해서 반드시 쥐의 항체를 사용하는 것은 아닙니다. 앞서 공부한 CAR-T의 CAR는 키메라(Chimeric), 항원(Antigen), 수용체(Receptor)의 약자로, 여기서의 키메라는 항체의 가변 영역과 T세포의 신호 전달 부위를 결합한 구조를 의미합니다.

2. 항체의 종류

항체에는 IgG, IgA, IgM, IgD, IgE 이렇게 다섯 가지가 있습니다. 이 중에서 IgG가 가장 큰 비율을 차지하며, 항체를 제조할 때도 주로 IgG를 씁니다. 따라서 보통 항체라 하면, IgG를 의미합니다.

3. 상품명과 일반명

다음 장부터 다양한 블록버스터 신약들이 나옵니다. 상품명(brand name)

과 일반명(generic name)이 헷갈리지 않도록 미리 정리해보겠습니다. 우리에게는 익숙지 않지만, 많은 국가가 의약품을 표시할 때 상품명과 일반명을 함께 적습니다. 상품명은 기업이 약을 판매할 때 붙이는 이름이며, 일반명은 약을 이루는 표준화된 화학 성분(활성 성분)을 말합니다. 예를 들어, 진통·해열 제품인 타이레놀은 아세트아미노펜(Acetaminophen)으로 만듭니다. 여기서 타이레놀은 상품명, 아세트아미노펜은 일반명입니다.

아세트아미노펜을 이용한 진통·해열 제품으로는 타이레놀 외에도 파나돌, 파라세타몰 등이 있습니다. 상품명과 일반명을 함께 표기하면 소비자는 약에 들어 있는 성분을 바로 알 수 있고, 타이레놀이 없거나 비싸다고 느껴질 때, 같은 성분으로 만든 다른 제품을 구매할 수 있어 여러모로 편리합니다.

상품명	일반명
타이레놀	아세트아미노펜
파나돌	아세트아미노펜
파라세타몰	아세트아미노펜

| 표 2-4. 의약품의 상품명과 일반명 |

보통은 일반명을 먼저 쓰고, 그 뒤에 괄호를 넣어 상품명을 적습니다. 다만, 우리는 제약·바이오 산업과 기업을 공부하는 것이 목적이므로 책에서는 상품명을 먼저 쓰고, 그 뒤에 일반명을 적었습니다.

진짜 하루만에 이해하는 제약·바이오 산업

4. 일반명으로 의약품의 유형 파악하기

일반명 끝이 맙(mab)으로 끝나는 약물은 단일클론항체를 활용한 의약품입니다. 구체적으로 맙으로 끝나면서 xi가 들어간다면 키메라 항체를, zu가 들어가면 인간화 항체를, u가 들어가면 완전 인간화 항체를 사용한 것입니다. 예를 들어, 비호지킨 림프종 치료제 리툭산(Rituxan)의 일반명은 리툭**시맙**(Rituximab)입니다. ximab이 들어간 걸로 보아 키메라 항체를 사용했음을 알 수 있습니다. 반면, 유방암 치료제 허셉틴(Herceptin)의 일반명은 트라스트**주맙**(Trastuzumab)입니다. Zumab이 쓰였으므로 인간화 항체를 사용했음을 알 수 있죠. 자가면역질환 치료제 휴미라(Humira)의 일반명은 아달리**무맙**(Adalimumab)입니다. umab이 들어갔으므로 완전 인간화 항체를 사용했음을 알 수 있습니다. 한편, 만성 골수성 백혈병 치료제인 글리벡(Gleevec, 이매티**닙**), 비소세포폐암 치료제인 렉라자(Leclaza, 레이저티**닙**)처럼 일반명 끝이 닙으로 끝나면 키나아제 억제제를 활용한 의약품입니다.

일반명	의약품의 유형
리툭시맙(Rituximab)	항체 의약품(키메라 항체)
트라스트주맙(Trastuzumab)	항체 의약품(인간화 항체)
아달리무맙(Adalimumab)	항체 의약품(완전 인간화 항체)
이매티닙 / 레이저티닙	키나아제 억제제

| 표 2-5. 일반명으로 파악하는 의약품의 유형 |

암의 종류별 블록버스터 신약과 대표 기업

암의 종류는 다양합니다. 이번 장에서는 주요 암의 특징을 알

아보고, 블록버스터 신약과 대표 기업을 함께 공부합니다.

* 이번 장부터 달러를 원화로 환산한 금액이 종종 나옵니다. 이때 환율은 1,300원을 기준으로 하였습니다.

폐암

기본 정보

폐는 심장과 함께 가슴 부위에 위치한 대표적인 장기로 산소를 흡수해 혈액에 전달하고, 대사 과정에서 생긴 이산화탄소를 몸 밖으로 배출하는 역할을 합니다. 즉, 호흡에 필수적인 장기입니다.

폐암은 크게 소세포폐암(Small cell lung cancer, SCLC)과 비소세포폐암(Non-small cell lung cancer, NSCLC)으로 나뉩니다. 소세포폐암은 이름처럼 암세포가 매우 작고 오밀조밀하게 모여 있으며, 빠르게 분열합니다. 암의 진행 속도와 전이가 빨라 발견했을 때는 이미 수술이 어려운 경우가 많습니다.

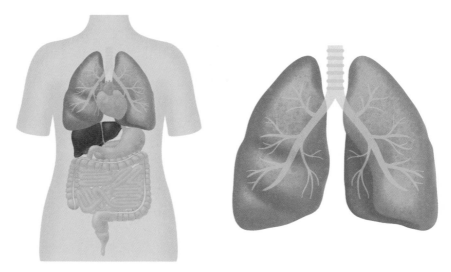

| 그림 3-1. 폐의 위치와 형태 |

반면 비소세포폐암은 암세포의 크기가 상대적으로 크고 진행 속도가 소세포폐암보다 느립니다.

전체 폐암 환자 중에서 약 15%가 소세포폐암, 85%가 비소세포폐암입니다. 따라서 폐암을 이야기할 때는 대부분 비소세포폐암을 의미하며, 제약·바이오 산업에서 다루는 폐암 항암제도 비소세포폐암 쪽에 집중되어 있습니다.

폐암 환자는 암세포의 표면에 EGFR(표피 성장 인자 수용체)이 지나치게 발현된 경우가 많습니다. 이 EGFR이 EGF(표피 성장 인자)와 결합하면, 티로신 키나아제 효소가 증가해 세포의 분열이 촉진됩니다. 이런 이유로 현재 사용되는 폐암 치료제들은 대부분 키나아제를 억제하는 기전을 가지고 있는 EGFR 표적 항암제입니다.

진짜 하루만에 이해하는 제약·바이오 산업

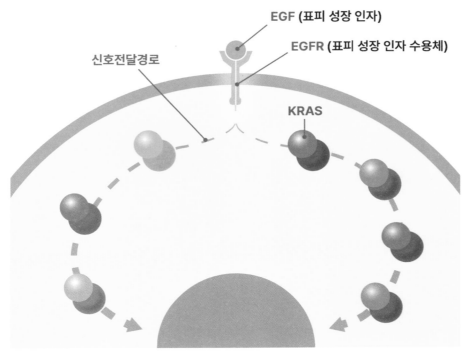

EGF (표피 성장 인자)

EGFR (표피 성장 인자 수용체)

신호전달경로

KRAS

| 그림 3-2. 폐암의 주요 기전 |

항암제와 대표 기업

폐암의 표준 치료제[*]로는 로슈(Roche)에서 판매하고 있는 타세바(Tarceva,

---

* 오랜 기간 레퍼런스가 쌓여 이 약으로 초기 치료를 진행하는 것이 가장 적합하다고 여겨지는 의약품, 혹은 대규모 임상시험에서 기존 치료제보다 우수한 유효성과 안전성을 보인 의약품이 표준 치료제로 선정됩니다. 처음 선택되는 치료제를 1차 치료제라고 하는데 표준 치료제가 1차 치료제가 되는 경우가 많습니다.

옐로티닙), 아스트라제네카(AstraZeneca)에서 만든 이레사(Iressa, 게피티닙)와 타그리소(Tagrisso, 오시머티닙)가 있습니다. 비교적 최근에 나온 타그리소는 2022년 매출액이 무려 54억 달러(약 7조 원)에 달하는 블록버스터 신약으로 현재 폐암 분야의 표적 항암제 중에서 가장 많은 매출액을 기록하고 있습니다.

타그리소에 도전하는 항암제로는 유한양행*의 렉라자(Leclaza, 레이저티닙)가 있습니다. 렉라자는 유한양행이 국내에서 판매하고 있는 폐암 항암제로 2018년에 국내 판권을 제외한 글로벌 판권을 존슨앤존슨(J&J)의 자회사인 얀

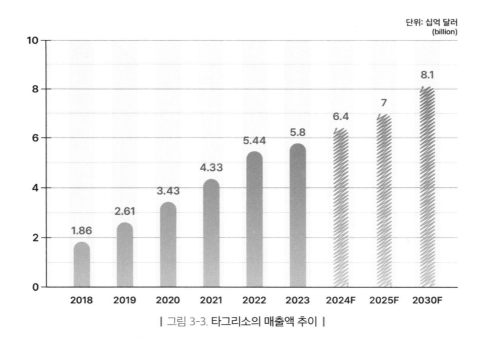

| 그림 3-3. 타그리소의 매출액 추이 |

---

* 국내 바이오 기업 오스코텍의 자회사인 제노스코가 개발하여 유한양행에 기술 이전하였습니다.

센(Janssen)에 이전하였습니다. 그리고 2024년 8월에 얀센이 레이저티닙과 아미반타맙의 병용 요법으로 FDA의 승인을 획득하면서[*] 글로벌 시장에서 타그리소와의 치열한 경쟁이 예상되고 있습니다. 향후 매출 실적에 따라 유한양행은 얀센으로부터 일정 비율의 로열티를 받게 됩니다.

　폐암과 관련해서 주목할 만한 국내 기업으로는 보로노이가 있습니다. 타그리소와 레이저티닙[**]을 투여하면, C797S라는 변이가 잘 생깁니다. 보로노이는 C797S 변이를 타깃으로 하는 항암제를 개발하고 있습니다. 개발에 성공한다면 타그리소와 레이저티닙 중에서 누가 잘 되든 보로노이가 수혜를 입을 수 있는 상황입니다. 이처럼 같은 폐암 항암제이더라도 서로 타깃으로 하는 변이가 다르다는 것(경쟁하는 시장이 다르다는 것)도 함께 알아두면 좋습니다.

　앞으로도 새로운 폐암 항암제가 계속 나올 텐데, 어떤 점을 유의해서 봐야 할까요? 첫째는 체중 변화입니다. 항암제는 독성이 강해 치료 과정에서 체중이 많이 줄어듭니다. 체중이 줄면, 면역력이 떨어지고, 체력이 약해져서 치료가 점점 힘들어지죠. 따라서 기존 항암제보다 체중이 얼마나 덜 빠지느냐를 체크해야 합니다. 둘째는 뇌 전이와 뇌 투과율입니다. 비소세포폐암은 뇌 전이가 특히 많이 일어납니다. 폐암이 뇌로 전이되는 것을 막기 위해서는 항암제가 폐뿐 아니라 뇌로도 침투해야 하는데, 뇌에는 외부 물질로부터 뇌를 보

---

[*]　2024년 9월에는 미국 암센터 네트워크(National Comprehensive Cancer Network, NCCN) 가이드라인에 레이저티닙과 아미반타맙의 병용 요법이 1차 치료제로 등재되었습니다.
[**]　레이저티닙은 일반명입니다. 유한양행이 국내에서 판매하는 상품명은 렉라자이며, 얀센이 미국에서 판매하는 상품명은 라즈클루즈(Lazcluze)입니다.

호하기 위한 뇌 장벽이 있어서 약물이 잘 투과되지 않습니다. 이런 이유로 뇌 투과율이 중요한 포인트가 될 수 있습니다. 일례로 타그리소는 뇌 투과율이 높아 뇌 전이에서도 효능을 발휘하였는데 이는 블록버스터 신약으로 자리잡는 데 큰 역할을 했습니다.

마지막으로 지금까지 말씀드린 폐암 항암제는 모두 EGFR 변이와 여기서 파생된 변이를 대상으로 합니다. 그런데 폐암을 유발하는 요인 중에는 EGFR 뿐 아니라 KRAS도 큰 역할을 합니다. 앞에 나온 그림 3-2에서 볼 수 있듯이 KRAS는 EGFR의 하위 신호전달경로입니다. EGF와 EGFR이 결합해 신호전달경로가 활성화되면, KRAS가 세포의 내부로 그 신호를 전달합니다. KRAS 변이가 생겨도 암세포가 계속 성장 신호를 받아 비정상적으로 증식합니다.[*] 현재 KRAS를 타깃으로 하는 항암제가 나와 있지만, 그 효과가 크지 않기에 이 분야도 가능성이 열려 있습니다.

---

* KRAS 돌연변이는 비소세포폐암뿐 아니라 췌장암이나 대장암에서도 많이 나타납니다.

유방암

기본 정보

유방암은 여성에게 가장 흔하게 발생하는 암 중의 하나로, 유방의 유관 (젖을 운반하는 관) 또는 소엽(젖을 생산하는 샘)에서 시작되며, 점점 주변 조직으로 퍼지는 특징이 있습니다.

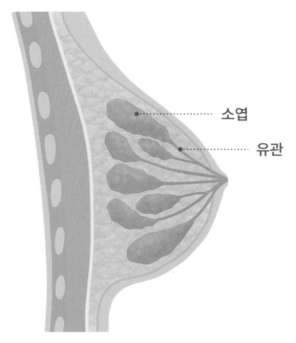

소엽

유관

| 그림 3-4. 유방의 형태와 내부 구조 |

유방암의 원인은 매우 다양합니다. 따라서 정확한 진단과 그에 맞는 맞춤형 치료가 무엇보다 중요합니다. 대표적인 원인으로는 암세포의 표면에 발현되는 HER2(Human Epidermal growth factor Receptor 2, 인간 상피세포 성장 인자 수용체)의 과발현이 있습니다. HER2는 성장 인자와 결합해 세포 내로 성장 신호를 전달하는데, HER2가 과도하게 발현되면 성장 신호가 지나치게 활성화되어 세포가 비정상적으로 빠르게 분열합니다.

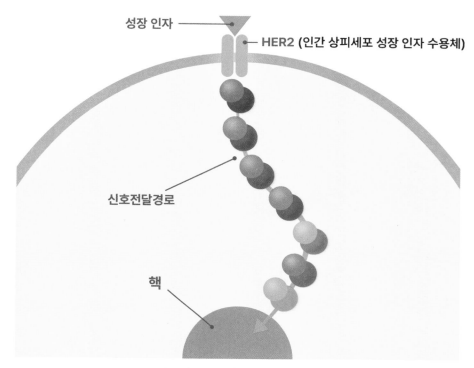

성장 인자

HER2 (인간 상피세포 성장 인자 수용체)

신호전달경로

핵

| 그림 3-5. 유방암의 주요 기전 |

항암제와 대표 기업

HER2의 과발현을 억제하는 항암제로는 로슈의 자회사 제넨텍(Genentech) 이 만든 허셉틴(Herceptin, 트라스투주맙)과 아스트라제네카와 다이이찌산쿄가 공동 개발한 엔허투(Enhertu, 트라스투주맙 데룩스테칸)가 있습니다.

허셉틴은 1998년에 FDA의 승인을 받은 항체 의약품으로 항체가 HER2와 결합함으로써 성장 인자가 HER2와 결합하는 것을 막습니다. 초기 단계 및 전

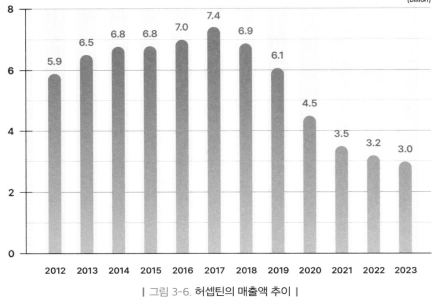

| 그림 3-6. 허셉틴의 매출액 추이 |

이성 HER2 양성 유방암의 1차 치료제로 사용되고 있습니다.

엔허투는 항체(A)인 트라스트주맙과 화학 항암제(D)인 데룩스테칸이 링커(C)로 연결된 항체 약물 접합체(ADC)입니다. 항체가 HER2와 결합하면, 링커가 끊어지면서 항암제가 방출되어 암세포를 파괴하는 원리입니다. 2019년에 FDA로부터 승인을 받았으며, 기존 항암제에 반응하지 않거나 내성이 생긴 환자들을 대상으로 하는 2차 또는 3차 치료제로 사용되고 있습니다.

항체 약물 접합체에서는 링커의 역할이 중요합니다. 링커 기술을 보유한 기업으로는 일본의 다이이찌산쿄와 한국의 리가켐바이오*가 있습니다. 다이

---

* 2024년 3월, 사명을 레고켐바이오에서 리가켐바이오로 변경하였습니다.

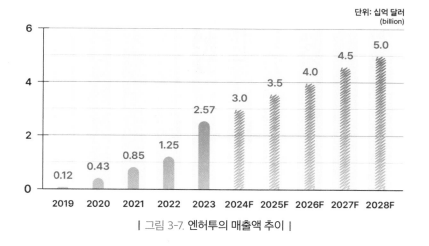

단위: 십억 달러
(billion)

| 그림 3-7. 엔허투의 매출액 추이 |

이찌산쿄의 독자적인 ADC 기술을 적용한 엔허투가 크게 성공하면서 다이이
찌산쿄는 단숨에 ADC 분야의 1위 기업으로 떠오릅니다. 현재 아스트라제네
카와 공동 개발 중인 비소세포폐암 항암제 Dato-DXd를 비롯해 다이이찌산
쿄의 ADC 기술을 접목한 여러 의약품이 FDA의 승인을 기다리고 있습니다.
리가켐바이오는 2023년에 얀센과 17억 달러(약 2조 2,100억 원) 규모의 ADC
기술 이전 계약을 체결한 바 있으며, 현재 미국과 중국에서 ADC 기술을 접목
한 의약품의 임상시험을 진행하고 있습니다.

흑색종

기본 정보

흑색종은 멜라닌을 생성하는 세포인 멜라노사이트(melanocyte)가 손상되어 발생하는 피부암의 일종입니다. 피부뿐 아니라 눈, 장기 등 멜라노사이트가 존재하는 모든 부위에서 발생할 수 있으며, 전이 속도가 빠르기 때문에 조기 발견과 치료가 매우 중요합니다.

멜라노사이트가 손상되는 주요 원인으로는 자외선(UV) 노출이 있습니다. 과도한 햇볕 노출이나 인공적인 자외선 노출, 예를 들어 선탠 베드(Tanning

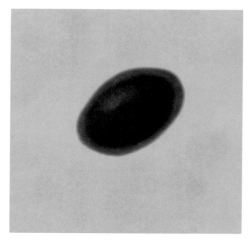

| 그림 3-8. 피부에 발생한 흑색종 |

bed)*를 사용하는 것은 흑색종의 위험을 증가시킬 수 있습니다. 또한, 가족력, 피부 타입(특히 연한 피부), 많은 수의 점(모반), 이전의 피부암 병력도 중요한 위험 요인으로 꼽힙니다.

항암제와 대표 기업

흑색종의 치료에는 3세대 항암제인 면역관문 억제제가 쓰입니다. 머크가 개발한 키트루다(Keytruda, 펨브롤리주맙)와 브리스톨 마이어스 스퀴브(BMS)가 개발한 옵디보(Opdivo, 니볼루맙)가 대표적입니다.

---

*   선탠 효과를 얻기 위해 인공적으로 자외선을 방출하여 피부를 태우는 기기

2015년 8월, 미국의 전 대통령인 지미 카터(Jimmy Carter)는 흑색종에 의한 전이성 뇌종양 진단을 받습니다. 이미 91세의 고령이었으므로 건강을 되찾기 어려울 것이란 전망이 많았지만, 놀랍게도 4개월 뒤 완치 판정을 받습니다. 이때 사용한 항암제가 바로 키트루다입니다.

암세포는 표면에 PD-L1을 발현합니다. PD-L1이 T세포의 PD-1과 결합하면, T세포가 암세포를 공격하지 않습니다. 이때 키트루다를 투여하면 항체가 T세포의 PD-1과 결합해 암세포의 PD-L1이 T세포의 PD-1과 결합하는 것을 막습니다. 덕분에 T세포가 활성화되고, T세포가 암세포를 공격함으로써 암이 치료됩니다.

면역 항암제는 면역세포를 활성화해 암세포를 공격하는 방식이므로 특정 암뿐만 아니라 다양한 암에서도 효과를 보입니다. 처음에 승인받은 질병 이외에 다른 질병의 치료제로도 쓰이는 것을 적응증 확장이라고 하는데, 키트루다

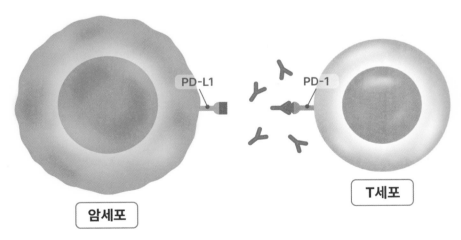

| 그림 3-9. 키트루다의 기전 |

는 2015년에 흑색종 치료제로 처음 허가를 받았지만, 현재는 폐암, 호지킨 림프종, 유방암, 자궁경부암, 두경부암*, 식도암 등 여러 암의 치료제로 함께 쓰이고 있습니다.

키트루다는 탁월한 치료효과와 압도적인 적응증 **확장**을 바탕으로 매년 엄청난 매출을 올리고 있습니다. 2023년에는 250억 달러(약 32조 5천억 원)를 벌어들여 글로벌 의약품 매출 1위에 등극했습니다. 현재도 적응증을 계속 추가하고 있어 매출은 더욱 커질 것으로 전망됩니다.

또 다른 면역관문 억제제인 옵디보도 키트루다와 동일한 방식으로 작동합니다. 즉, 항체가 T세포의 PD-1과 결합해 암세포의 PD-L1이 T세포의

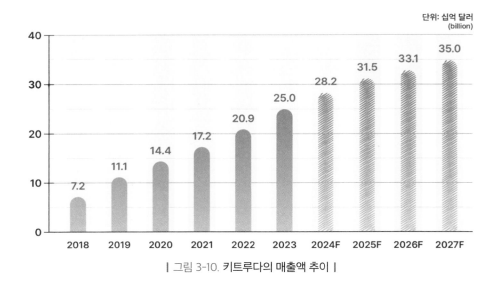

| 그림 3-10. **키트루다의 매출액 추이** |

---

*   머리와 목 부위에 발생하는 암을 총칭합니다.

PD-1과 결합하는 것을 막습니다. 키트루다가 주로 진행성 흑색종, 전이성 또는 재발성 흑색종을 치료하는 데 쓰인다면, 옵디보는 진행성 흑색종, 특히 특정 유전자가 변이된 환자에게서 큰 효과를 보입니다. 옵디보 역시 폐암, 호지킨 림프종, 위암, 식도암, 방광암 등 8개 암종에서 14개 적응증을 승인받았으며, 지금도 계속 적응증을 추가하고 있습니다. 덕분에 매년 1조 원 이상의 매출액을 올리는 블록버스터 신약으로 자리잡았습니다.[*]

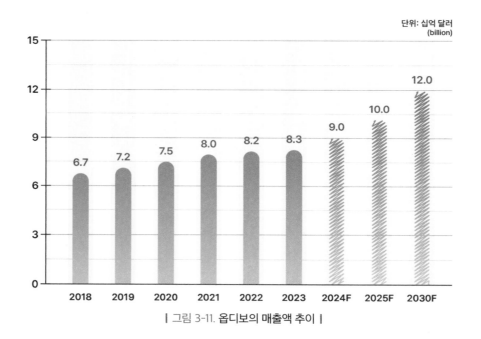

| 그림 3-11. 옵디보의 매출액 추이 |

---

* 키트루다를 개발한 머크와 옵디보를 개발한 BMS 사이에 PD-1 관련 특허 분쟁이 있었습니다. 결국 머크가 BMS에 합의금 6억 5천만 달러를 지급하고, 로열티로 2023년까지 글로벌 매출액의 6.5%, 2026년까지 2.5%를 지급하는 것으로 합의되었습니다.

현재 키트루다를 만든 머크는 자사 항암제의 제형을 정맥 주사(IV) 형태에서 피하지방 주사(SC) 형태로 변경하는 작업을 진행하고 있습니다. 머크 외에도 여러 기업이 제형 변경을 추진하고 있죠. 제형 변경 기술을 보유한 기업으로는 미국의 할로자임(Halozyme Therapeutics)과 한국의 알테오젠이 있습니다.

할로자임은 ENHANZE 기술을 보유하고 있습니다. 2017년 비호지킨 림프종 치료제인 리툭산(Rituxan, 리툭시맙)을 시작으로 2019년 유방암 치료제 허셉틴 등이 이 기술을 적용해 제형 변경에 성공했습니다. 또한, 적용을 앞두고 있는 블록버스터 신약도 15개에 달합니다. 로슈, 존슨앤존슨, BMS, 아르젠엑스(Argenx) 등 다수의 글로벌 제약 기업이 할로자임과 파트너십을 맺고 있습니다.

알테오젠은 ALT-B4 기술을 보유하고 있습니다. 2020년 글로벌 제약 기업(사노피로 추정)과 13.7억 달러(약 1조 7,800억 원) 규모의 계약을 체결하고, 같은 해 6월에는 머크와 38.7억 달러(약 5조 원) 규모의 계약을 체결하면서 주목받기 시작합니다. 2025년 이후에 알테오젠의 기술이 적용된 블록버스터 의약품이 나올 것으로 예상됩니다.

백혈병

기본 정보

혈액은 인체를 순환하면서 세포에 산소를 비롯한 영양분을 공급하고, 세포로부터 이산화탄소와 대사 노폐물을 받아서 운반합니다. 또, 체내 PH를 조절하고 적정 체온을 유지하는 데 중요한 역할을 합니다.

혈액은 크게 혈구와 혈장으로 나눌 수 있습니다. 혈구는 백혈구, 적혈구, 혈소판으로, 혈장은 대부분 수분으로 이루어져 있습니다. 혈구 중에서 백혈구가 비정상적으로 증식하면 혈액이 제 기능을 수행할 수 없는데, 이러한 상태

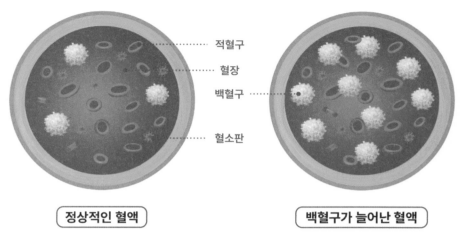

적혈구

혈장

백혈구

혈소판

정상적인 혈액

백혈구가 늘어난 혈액

| 그림 3-12. 정상적인 혈액(좌)과 백혈구가 늘어난 혈액(우) |

를 백혈병이라고 합니다.

　백혈병은 크게 급성 백혈병과 만성 백혈병으로 나뉘며, 세부적으로는 림프구성과 골수성으로 구분됩니다. 다양한 하위 유형이 있지만, 아래 네 유형이 대표적입니다. 그중에서 만성 골수성 백혈병과 급성 림프구성 백혈병은 블록버스터 신약이 존재합니다. 하나씩 알아보겠습니다.

급성 백혈병	만성 백혈병
급성 골수성 백혈병(AML)	만성 골수성 백혈병(CML)
급성 림프구성 백혈병(ALL)	만성 림프구성 백혈병(CLL)

| 표 3-1. 백혈병의 세부 유형 |

항암제와 대표 기업

만성 골수성 백혈병의 치료제로는 노바티스(Novartis)에서 개발한 글리벡(Gleevec, 이매티닙)이 있습니다. 만성 골수성 백혈병 환자의 대부분은 필라델피아 염색체(Philadelphia chromosome)를 가지고 있는데, 이 염색체가 BCR-ABL이라는 단백질을 만들어내고, 이 단백질이 티로신 키나아제를 활성화해 암세포의 성장과 분열을 촉진합니다.

글리벡은 BCR-ABL과 결합하여 티로신 키나아제의 활성을 억제합니다.

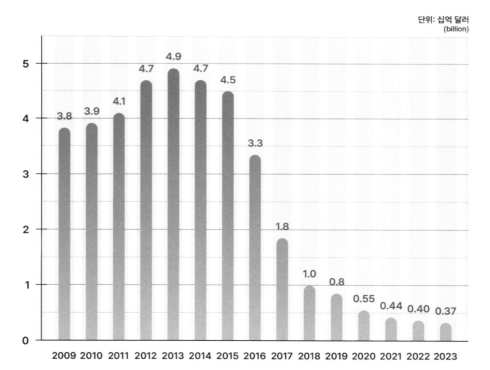

단위: 십억 달러
(billion)

| 그림 3-13. 글리벡의 매출액 추이 |

2013년에 49억 달러(약 6조 3천억 원)의 매출액을 기록한 블록버스터 신약으로 현재 만성 골수성 백혈병의 표준 치료제로 자리매김하고 있습니다.[*]

급성 림프구성 백혈병 치료제로는 노바티스에서 만든 킴리아(Kymriah, 티사젠렉류셀)가 있습니다. 킴리아는 최초의 CAR-T 세포치료제입니다. 환자의 T세포를 추출한 후, 유전자를 조작해 암세포의 특정 항원을 표적으로 하는 CAR-T 세포를 만들고, 세포 배양을 통해 충분한 양을 확보한 다음, 이를 다시 환자에게 투여해 CAR-T 세포가 암세포를 공격하는 원리입니다.

킴리아는 기존 치료에 반응하지 않았던 재발성 또는 불응성 급성 림프구

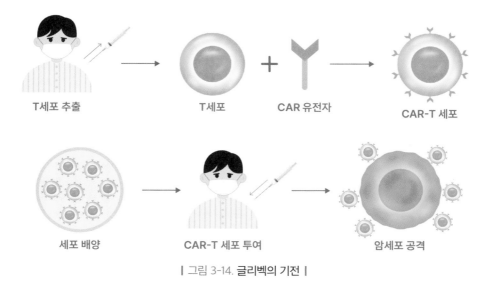

| 그림 3-14. 글리벡의 기전 |

---

[*] 2016년에 특허가 만료되어 매출이 큰 폭으로 감소하였습니다. 특허 만료 부분은 뒤에서 자세히 배웁니다.

단위: 십억 달러
(billion)

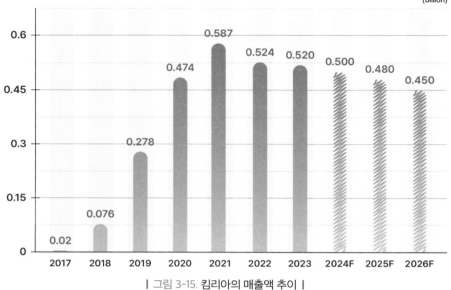

| 그림 3-15. 킴리아의 매출액 추이 |

성 백혈병 환자에게서 탁월한 효과를 보였으며, 향후 지속적인 매출 성장이
예상되고 있습니다.

대장암

기본 정보

대장은 소장의 끝에서 시작해 항문까지 연결된 소화기관으로 충수, 맹장, 결장, 직장, 그리고 항문관으로 나뉩니다. 이 가운데 맹장, 결장, 직장에 생기는 악성 종양이 대장암입니다. 대장암의 주요 원인으로는 EGFR, KRAS, PIK3CA 그리고 APC의 유전자 변이를 꼽을 수 있습니다.

EGFR 유전자에 변이가 생기면 EGFR이 과발현되어 암세포의 성장과 분열을 촉진합니다. EGFR의 하위 신호전달경로에 있는 KRAS 유전자와 또 다

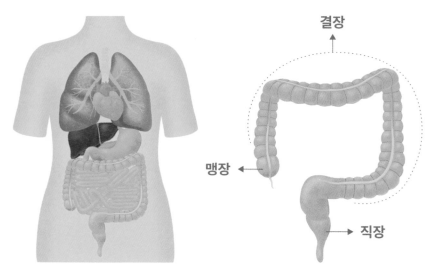

결장

맹장

직장

| 그림 3-16. 대장의 위치와 형태 |

른 유전자인 PIK3CA에 변이가 생겨도 암세포가 지속적으로 성장 신호를 받습니다. APC는 Wnt 신호전달경로에 있는 종양 억제 유전자인데, 이 유전자에 변이가 생기면 Wnt 신호전달경로가 활성화되어 암세포가 빠르게 증식합니다. 대장암 환자의 약 80%는 APC 유전자 변이를, 40%는 KRAS 유전자 변이를, 15~20%는 PIK3CA 유전자 변이를, 7~8%는 EGFR 유전자 변이를 가지고 있습니다.

항암제와 대표 기업

대장암 항암제로는 제넨텍에서 만든 아바스틴(Avastin, 베바시주맙)과 임클론 시스템즈(Imclone Systems)가 개발*한 얼비툭스(Erbitux, 세툭시맙)가 있습니다.

아바스틴(Avastin, 베바시주맙)은 대장암을 포함해 유방암, 폐암, 신장암 등 여러 암의 치료에 사용되는 항암제입니다. 암세포는 산소와 영양분을 얻기 위해 신생 혈관을 형성하며 자랍니다. 이 과정에서 VEGF(Vascular Endothelial Growth Factor, 혈관 내피세포 성장 인자)가 중요한 역할을 하는데, 아바스틴은 VEGF를 차단하여 암세포의 성장을 억제합니다. 특히 전이성 대장암은 5-FU(플루오로우라실) 등의 항암제와 아바스틴을 병용 투여하면 치료 효과를 높일 수 있습니다. 2019년 기준으로 71억 달러(약 9조 2천억 원)의 매출액을

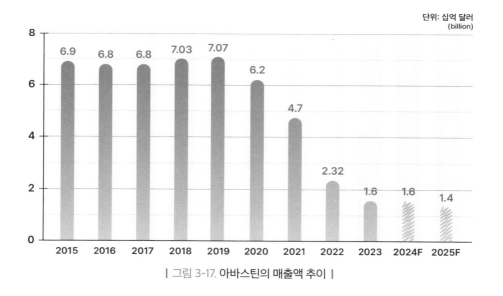

| 그림 3-17. 아바스틴의 매출액 추이 |

---

* 판매는 파트너십을 맺은 BMS(북미)와 머크(유럽)가 하고 있습니다.

기록하였으며, 매년 수십억 달러의 매출을 올리는 블록버스터 신약입니다.[*]

얼비툭스는 EGFR을 타깃으로 하는 항체 의약품으로 대장암과 두경부암의 치료에 쓰입니다. EGFR이 과발현되는 대장암에서 효과적으로 작용하며, 특히 KRAS 유전자에 변이가 없는 환자를 대상으로 뛰어난 효과를 보입니다. 전이성 대장암은 FOLFIRI(5-FU, 류코보린, 이리노테칸)와 얼비툭스를 병용 투여하거나 FOLFOX(5-FU, 류코보린, 옥살리플라틴)와 얼비툭스를 병용 투여하면 치료 효과를 높일 수 있습니다. 2013년, 18억 달러(약 2조 3,400억 원)의 매출액을 올려 블록버스터 신약에 등극한 바 있습니다.

대장암 환자의 약 40%는 KRAS 유전자 변이를 가지고 있습니다. 하지만 아쉽게도 그동안은 마땅한 치료제가 없었습니다. 2022년, 미라티 테라퓨틱스(Mirati Therapeutics)는 KRAS 유전자 변이를 타깃으로 하는 항암제인 크라자티(Krazati, 아다그라시브)로 FDA의 승인을 받는 데 성공합니다. 그리고 2023년에는 BMS가 미라티 테라퓨틱스를 58억 달러(약 7조 5,400억 원)에 인수하죠. 현재 크라자티는 비소세포폐암 및 대장암 치료제로 사용되고 있으며 BMS는 자사가 보유한 항암제와의 병용 투여와 적응증 확장을 위해 여러 임상시험을 진행하고 있습니다.

---

[*] 2021년에 경쟁 제품이 등장하여 매출이 큰 폭으로 감소하였습니다.

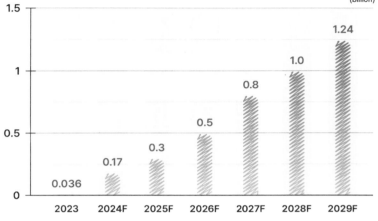

単위: 십억 달러
(billion)

| 그림 3-18. 크라자티의 매출액 추이(전망치) |

전립선암

기본 정보

전립선은 정액의 일부를 생성하는 남성의 생식 기관입니다. 전립선세포가 비정상적으로 성장하면 전립선암이 되는데 주로 중년 이후의 남성에게 발생합니다. 초기에는 별다른 증상을 느끼지 못하지만, 종양이 자라나면서 소변이 잘 나오지 않고(배뇨곤란), 소변을 본 후에도 남아 있는 듯한 느낌이 들며(잔뇨), 자주 소변을 보거나(빈뇨), 소변이나 정액에 혈액이 나오는 문제(혈뇨)를 겪게 됩니다. 계속 방치하면 방광과 요관에 영향을 주어 신장이 붓는 수신

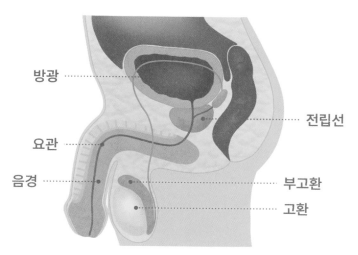

방광

전립선

요관

음경

부고환

고환

| 그림 3-19. **전립선의 위치와 형태** |

증과 신장의 기능이 저하되는 신부전을 유발할 수 있습니다.

테스토스테론(Testosterone)과 디히드로테스토스테론(dehydrotestosterone, DHT)과 같은 남성 호르몬을 총칭하여 안드로겐(Androgen)이라고 합니다. 안드로겐이 전립선세포 내에 있는 안드로겐 수용체(Androgen Receptor, AR)와 결합하면 전립선세포의 성장이 촉진됩니다.* 안드로겐과 안드로겐 수용체의 결합을 억제하면 전립선세포의 비정상적인 성장을 막을 수 있겠죠? 그래서 전립선암의 일차 치료로는 남성 호르몬을 거세 수준까지 줄이는 호르몬 치료를 진행합니다.

초기에는 호르몬 치료만으로도 큰 효과를 볼 수 있습니다. 그러나 시간

---

* 테스토스테론이 전립선세포 내에서 DHT로 전환되고, DHT가 안드로겐 수용체와 결합합니다.

이 지나면서 내성과 변이가 발생합니다. 암세포가 자체적으로 남성 호르몬을 만들기 시작하고, 안드로겐 수용체가 과발현되거나 낮은 수준에서도 반응해 적은 양의 안드로겐과도 결합할 수 있게 됩니다. 결국 일부 전립선암은 호르몬 치료에 반응하지 않는 거세 저항성 전립선암(Castration-Resistant Prostate Cancer, CRPC)으로 발전합니다. 그리고 바로 이 단계에서 항암제 치료를 병행합니다.

항암제와 대표 기업

대표적인 항암제로는 얀센이 개발한 자이티가(Zytiga, 아비라테론 아세테이트)가 있습니다. 자이티가는 안드로겐 생성에 필수적인 CYP17A1 효소를 억제해 안드로겐의 생성을 막습니다. 진행성 전립선암, 특히 호르몬 치료에 반응이 없는 전이성 전립선암 치료에 사용되며, 단독으로는 쓰이지 않고 프레드니손(prednisolone)*이라는 약물과 병용 투여합니다. 2011년에 FDA의 승인을 받은 이래 매년 꾸준하게 매출을 올린 바 있으며, 2018년에는 무려 35억 달러(약 4조 5천억 원)의 매출액을 달성합니다.

최근에 주목받고 있는 치료제로는 노바티스의 플루빅토(Pluvicto, 루테튬(Lu 177) 비피보타이드 테트락세탄)가 있습니다. 암세포의 표면에는 PSMA(Prostate Specific Membrane Antigen, 전립선 특이 막 항원)라는 단백질이 과발현되어 있

---

* 프레드니손은 일반명입니다. 프레드니손으로 만든 여러 상품이 있습니다.

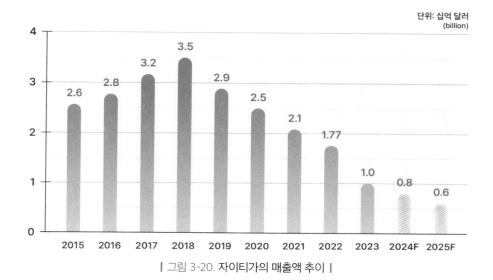

단위: 십억 달러
(billion)

| 그림 3-20. 자이티가의 매출액 추이 |

습니다. 이 때문에 암이 빠르게 성장하고, 치료에 어려움을 겪게 되죠. 플루빅토는 리간드와 루테튬-177이라는 방사성 동위원소*로 구성되어 있습니다. 리간드가 PSMA와 결합하면 방사성 동위원소가 방사선을 방출해 암세포를 파괴하는 원리입니다. 약물을 싣고 표적에 정확하게 투하한다는 점에서 항체 약물 접합체(ADC)와 비슷해 보이기도 합니다. 다만, 항체 대신 리간드를 사용하고, 링커가 필요하지 않으며, 약물 대신 방사성 동위원소를 사용한다는 점에서 차이가 있습니다. 이렇게 방사성 동위원소를 활용하는 약물을 방사성 의약품(radiopharmaceuticals)이라고 합니다. 2022년에 플루빅토가 FDA의 승인을 받으면서 방사성 의약품에 대한 관심이 커지고 있습니다.

---

* 불안정한 원자핵을 가진 원소로, 방사선을 방출하면서 안정된 형태로 변환됩니다.

전립선암, 방사성 의약품과 관련한 국내 기업으로는 퓨쳐켐이 있습니다. 퓨쳐켐은 방사성 동위원소 기반의 전립선암 항암제 FC705*를 개발하고 있는데 임상 1상에서 매우 우수한 결과를 보여주었습니다. 아직 남은 단계가 많지만, 방사성 의약품 시장이 성장할수록 기대도 커질 것으로 예상됩니다.

---

* 회사에서 임의로 붙인 프로젝트 이름입니다.

효과적인
항암제가 없는 암

매년 새로운 항암제가 등장하고, 기존 항암제의 적응증이 확장되어도 아직 확실하게 치료되지 않는 암이 생각보다 많습니다. 대표적으로 간암과 췌장암이 있죠. 지금부터 하나씩 알아보겠습니다.

간암

간은 인체에서 크기가 가장 큰 장기로 체내에 들어온 독소, 약물, 알코올

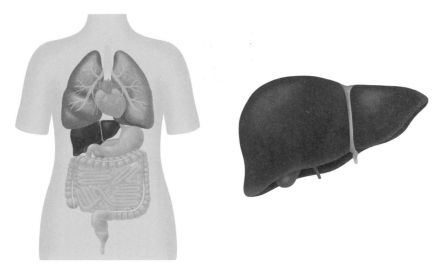

| 그림 3-21. 간의 위치와 형태 |

등을 해독하여 체외로 배출하는 역할을 합니다. 또 담즙을 생성해 소화를 돕고, 다양한 대사 과정을 수행하죠. 다른 장기와 달리 손상을 입거나 일부가 절제되어도 세포가 이를 활발히 재생하여 거의 정상에 가깝게 복구됩니다. 간암은 사망률이 높은 편인데, 침묵의 장기라는 별명처럼 악화되기 전까지는 별다른 증상이 없다는 것이 특징입니다.

간암은 간세포암(Hepatocellular carcinoma, HCC), 담관암, 간모세포종, 혈관육종 등 다양한 유형이 있습니다. 이 중에서 간세포암이 80~90%, 담관암이 10~15%를 차지합니다. 따라서 간암이라고 하면 대부분 간세포암을 의미합니다.

최초의 간세포암 치료제는 바이엘(Bayer)에서 만든 넥사바(Nexavar, 소라페닙)입니다. 2005년에 신장세포암 치료제로 첫 승인을 받았고, 2007년에 간세포암 치료제로 적응증을 확장했습니다. 에자이(Eisai)에서 만든 렌비마 (Lenvima, 렌바티닙)가 나오기 전까지 약 10년간 독점 지위를 유지했습니다.

현재는 제넨텍이 만든 아바스틴(Avastin, 베바시주맙)과 티쎈트릭(Tecentriq, 아테졸리주맙)의 병용 투여를 가장 많이 씁니다. 아바스틴은 대장암에서 한번 언급했었는데, VEGF(혈관 내피세포 성장 인자)를 억제해 신생 혈관을 차단하는 약물입니다. 티쎈트릭은 면역관문 억제제로 앞에서 배운 면역관문 억제제들 이 T세포의 PD-1과 결합했다면, 티쎈트릭은 암세포의 PD-L1과 결합합니다. 미국 암센터 네트워크, 미국 임상종양학회(ASCO), 유럽 종양학회(ESMO)에서 모두 간세포암 1차 치료제로 아바스틴과 티쎈트릭의 병용 투여를 권고하고 있습니다.

췌장암

췌장은 인슐린과 글루카곤을 분비해 혈당을 조절하고, 소화 효소를 포함 한 췌장액을 생성해 소화를 돕습니다. 췌장에 생긴 암세포로 이루어진 종양 을 췌장암이라고 하는데, 여러 유형의 췌장암 중 췌관* 세포에서 발생한 췌관 선암**이 약 90%를 차지합니다. 따라서 췌장암이라고 하면 보통 췌관 선암을

---

* 췌장에서 분비되는 소화 효소가 지나가는 관으로 십이지장과 연결되어 있습니다.
** 체액이나 점액과 같은 분비물을 생산하는 조직을 샘 조직이라고 하며, 샘 조직에서 발생하는 암을 선암이라고 부릅니다.

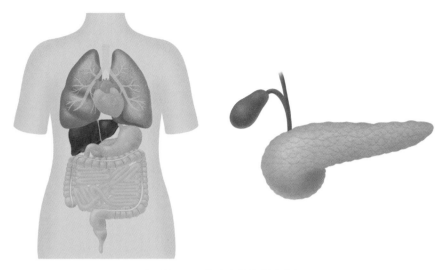

| 그림 3-22. **췌장의 위치와 형태** |

의미합니다.

　암은 자라나면서 주변의 기관과 신경, 혈관 등을 압박합니다. 이때 여러 증상이 나타나므로 환자는 이를 통해 암을 인지하게 됩니다. 그런데 췌장은 몸의 중앙(복강)에 있으면서 주변에 압박받을 만한 것이 없어 상당한 크기로 자랄 때까지 증상을 느끼지 못합니다. 증상을 느낄 때는 이미 늦은 경우가 대부분이죠. 이런 이유로 췌장암은 조기에 발견할 확률이 다른 암보다 낮습니다. 또한, 췌장암은 다른 암과 달리 아직 정확한 원인이 밝혀지지 않았습니다. 원인이 명확하지 않기 때문에 항암제의 개발이 쉽지 않습니다.

　현재 사용되는 췌장암 치료제로는 폐암 항암제로도 쓰이는 로슈의 타세바가 있습니다. 전이성 췌장암의 1차 치료제로 일라이 릴리(Eli Lilly)에서 만든 젬자(Gemzar, 젬시타빈)와 병용 투여를 합니다. 그러나 아쉽게도 췌장암의 복잡한 종양 미세환경과 빠른 전이 특성으로 인해 효능은 제한적이며, 췌장암 환자의 생존율을 크게 높이지는 못하고 있습니다.

한편, 폴피리녹스(FOLFIRINOX) 요법도 자주 사용됩니다. 폴피리녹스는 5-FU(플루오로우라실), 류코보린(Leucovorin), 이리노테칸(Irinotecan), 옥살리플라틴(Oxaliplatin)* 네 가지 항암제를 복합적으로 사용하는 화학 요법입니다. 부작용이 심하지만, 현 시점에서 가장 효과적인 치료 옵션 중의 하나로 간주되고 있습니다.

---

* 표기된 항암제 이름은 모두 일반명입니다.

핵심만 쏙쏙!

1. 폐암

폐암의 약 85%가 비소세포폐암이며 대표적인 항암제는 아스트라제네카에서 만든 타그리소입니다. 유한양행이 얀센에 기술 이전한 레이저티닙이 2024년 8월에 FDA의 승인을 받으면서 글로벌 시장에서 타그리소와의 치열한 경쟁이 예상되고 있습니다. 한편, 보로노이는 타그리소와 레이저티닙 투여 환자에게서 주로 발생하는 C797S 변이를 타깃으로 하는 항암제를 개발하고 있습니다.

앞으로 나올 항암제의 주요 포인트로는 체중 변화, 뇌 전이와 뇌 투과율이 있으며, KRAS 변이를 타깃으로 하는 시장도 열려 있습니다.

2. 유방암

유방암은 원인이 매우 다양해 맞춤형 치료가 무엇보다 중요합니다. 주요 원인은 HER2(인간 상피세포 성장 인자 수용체)의 과발현이며, 대표 치료제는 제넨텍이 만든 허셉틴과 아스트라제네카와 다이이찌산쿄가 공동 개발한 엔허투입니다. 항체 약물 접합체(ADC)인 엔허투가 큰 성공을 거두면서 ADC 기술이 주목받고 있습니다. ADC 관련 기술은 다이이찌산쿄와 리가켐바이오가 보유하고 있습니다.

3. 흑색종

흑색종은 피부암의 일종으로 전이 속도가 빠르기 때문에 조기 발견과 치료가 매우 중요합니다. 대표 치료제는 머크에서 만든 키트루다와 BMS가 개발한 옵디보입니다. 키트루다와 옵디보 같은 면역관문 억제제는 면역세포를 활성화하는 방식이므로 흑색종뿐 아니라 다른 암에서도 뛰어난 효과를 보입니다. 처음에 승인받은 질병 이외에 다른 질병의 치료제로도 쓰이는 것을 적응증 확장이라고 하는데, 두 치료제 모두 폐암, 호지킨 림프종, 유방암, 두경부암, 식도암, 방광암 등으로 적응증을 빠르게 확장하고 있습니다.

4. 백혈병

백혈병은 백혈구가 비정상적으로 증식해 혈액이 제 기능을 수행하지 못하는 질병입니다. 대표 치료제는 노바티스(Novartis)에서 개발한 글리벡(만성 골수성)과 킴리아(급성 림프구성)입니다. 최근 CAR-T 세포치료제가 많은 관심을 받고 있는데, 킴리아가 바로 세계 최초의 CAR-T 세포치료제입니다.

5. 대장암

대장암의 주요 원인으로는 EGFR, KRAS, PIK3CA 그리고 APC의 유전자 변이를 꼽을 수 있습니다. 대표 치료제는 제넨텍이 만든 아바스틴과 임클론 시스템즈가 개발한 얼비툭스이며, 2022년에 KRAS 유전자 변이를 타깃으로 하는 크라자티가 FDA의 승인을 받으면서 비소세포폐암 및 대장암 치료에 함께 쓰이고 있습니다.

6. 전립선암

전립선암의 대표 항암제는 얀센이 개발한 자이티가입니다. 보통 단독으로는 사용하지 않고, 프레드니손과 병용 투여합니다. 2022년, 노바티스의 플루빅토가 FDA의 승인을 받으면서 방사성 의약품에 대한 관심이 커지고 있습니다. 방사성 의약품은 리간드와 방사성 동위원소로 구성되는데, 리간드가 암세포와 결합하면 방사성 동위원소가 방사선을 방출해 암세포를 파괴하는 방식입니다. 국내에서는 퓨쳐켐이 방사성 동위원소 기반의 전립선암 항암제를 개발하고 있습니다.

7. 효과적인 항암제가 없는 암

간암과 췌장암은 아직 효과적인 항암제가 없습니다. 간암의 80~90%는 간세포암(HCC)으로, 현재 아바스틴과 티쎈트릭의 병용 투여를 가장 많이 쓰고 있습니다. 한편, 췌장암의 90%는 췌관 선암으로 타세바와 젬자의 병용 투여, 폴피리녹스 요법을 주로 사용합니다.

1. Best in Class와 First in Class

제약·바이오 산업을 공부하다 보면, Best in Class, First in Class와 같은 단어를 접하게 됩니다. 어떤 뜻이 있는지 알아보겠습니다.

이미 약이 존재하는 질환에 대해서 가장 우수한 효능을 보이는 약물을 Best in Class라고 표현합니다. 반면 해당 질병에 대해 새로운 메커니즘을 도입하거나 최초의 기전이면 First in Class입니다. First in Class는 최초이니까 언뜻 보면 First in Class가 Best in Class보다 더 좋은 것이라고 생각할 수 있는데, 꼭 그렇지만은 않습니다.

현재 약이 없다는 건, 글로벌 제약·바이오 기업조차 만들지 못할 만큼 난도가 높거나, 시장성이 없는 상황임을 의미합니다. 전자라면 엄청난 일이겠지만, 후자도 많기에 First in Class라고 해서 무조건 좋아해서는 안 됩니다. 오히려 비교 대상이 존재하고, 데이터가 충분한 Best in Class가 더 좋을 수 있습니다.

암의 원인이 밝혀진 경우라면 보통 원인을 타깃으로 한 표적 항암제가 이미 존재합니다. 그래서 개발 중인 표적 항암제가 있다고 하면 대부분 Best in Class에 해당합니다. 반면 면역 항암제는 Best in Class도 있고, First in Class도 있습니다. 면역 항암제에서 타깃으로 하는 단백질은 PD-1, PD-L1, CTLA-4 이렇게 세 가지입니다. 이 세 가지를 타깃으로 하되, 더 좋은 약이라면 Best in Class입니다. 반면, 이 세 가지 외에 전혀 다른 단백질을 타깃으로 한다면 First in Class가 되겠죠. 면역 항암제의 경우, 기존 단백질을 타깃으로 하는 항암제 간에 안전성이나 효능 측면에서 큰 차이가 없습니다. 그래서 Best in Class에 도전하는 약물보다는 First in Class에 도전하는 약물이 좀 더 많은 관심을 받습니다.

2. 임상 데이터를 해석하는 법

수많은 기업이 임상 데이터를 발표합니다. 임상 데이터에서 가장 중요한 지표는 전체 생존 기간(Overall Survival, OS), 무진행 생존 기간(Progression-Free Survival, PFS), 객관적 반응률(Objective Response Rate, ORR)입니다.

전체 생존 기간(OS)은 치료 시점부터 환자가 사망할 때까지의 기간을 말합니다. 이때 암 이외의 다른 원인으로 인한 사망도 포함됩니다. 항암제의 주요 목적은 OS를 높이는 데 있습니다. 현재 1차 치료제로 지정된 항암제들은 모두 임상시험에서 우수한 OS 데이터를 확보했다는 공통점이 있습니다. 1차 치료제가 이미 있는 암인 경우, 후발주자가 1차 치료제로 지정받기 위해서는 확실하게 더 나은 OS 데이터를 보여줘야만 합니다.[*]

---

[*] 안전성 지표와 부작용 지표도 더 우수해야 합니다.

무진행 생존 기간(PFS)은 치료 후 암이 진행되지 않은 상태로 환자가 생존한 기간을 말합니다.

객관적 반응률(ORR)은 종양이 눈에 띄게 줄어든 환자의 비율을 나타냅니다. 약을 복용한 후, 종양이 완전히 사라진 것을 완전 관해(Complete Response, CR)라고 합니다. 기존의 종양이 모두 사라지고, 새로운 종양이 보이지 않는 상태가 4주 이상 지속되는 것으로 사실상의 완치를 의미합니다. 종양이 30% 이상 작아지면 부분 관해(Partial Response, PR)입니다. 완전 관해와 부분 관해의 비율을 합한 값이 ORR이 됩니다. 예를 들어, 100명의 환자 중에서 10명이 완전 관해(CR)를 보였고, 20명이 부분 관해(PR)를 보였다면 ORR은 30%((10+20)/100)가 됩니다. ORR은 신약의 효과를 평가할 때 매우 중요하며, CT, MRI 등의 장비를 사용해 종양의 크기를 객관적으로 측정합니다. 암종마다 ORR이 다르므로 무조건 높다고 좋은 게 아니고, 기존 약보다 얼마나 증가했는지를 봐야 합니다. 최소 10% 이상 증가해야 확실히 더 낫다는 평가를 받을 수 있습니다.

진행 병변(progressive disease, PD)은 항암 치료를 받았는데도 종양의 크기가 20% 이상 커진 상태를 말합니다. 안정 병변(Stable disease, SD)은 치료 후, 종양의 크기가 30% 미만으로 작아지거나 20% 미만으로 커진 상태를 말합니다. 안정이라는 단어 때문에 좋은 결과로 오해하기 쉬운데, 치료 효과가 없이 정체된 상태를 의미하므로 꼭 좋다고 볼 수만은 없습니다.

용어		의미
전체 생존 기간(OS)		치료 시점부터 환자가 사망할 때까지의 기간
무진행 생존 기간(PFS)		치료 시점부터 암이 진행되지 않은 상태로 환자가 생존한 기간
객관적 반응률(ORR)	완전 관해(CR)	치료 후 종양이 완전히 사라진, 사실상의 완치 상태
	부분 관해(PR)	치료 후 종양이 30% 이상 작아진 상태
진행 병변(PD)		종양의 크기가 20% 이상 커진 상태
안정 병변(SD)		종양이 크게 자라지도, 줄지도 않은 상태(PR도 PD도 아닌 상태)
질병 조절률(DCR)		종양이 20% 이상 커지지 않은 비율(ORR+SD 환자 비율)
1차 평가 변수(Primary endpoint)		약물의 주된 효능을 평가하기 위한 지표. 임상시험의 성공 여부를 결정하는 기준으로 작용
2차 평가 변수(Secondary endpoint)		약물의 부가적인 효능을 평가하기 위한 지표
위험비(HAZARD RATE, HR)		두 그룹 간의 위험을 비교하는 지표. 1을 기준으로 숫자가 적을수록 위험이 낮음

| 표 3-2. 임상 데이터의 용어와 의미 |

3. 한국 병원

2024년, 워싱턴 포스트의 자매지 뉴스위크(Newsweek)가 글로벌 마케팅 업체인 스태티스타(Statista)와 협력해 전세계 28개국 300~350개의 병원과 4만 명 이상의 의료진을 대상으로 '전 세계 최고의 전문 병원' 설문 조사를 진행했습니다. 그런데 놀랍게도 암 분야에서 한국의 병원들이 탑(TOP) 10에 진입한 것으로 밝혀졌습니다. 삼성 서울 병원이 5위(아시아 1위), 서울 아산 병원이 6위, 서울대 병원이 9위를 각각 차지한 것이죠. 적어도 암 분야만큼은 한국의 병원들이 세계 탑 클래스 수준임을 알 수 있습니다.

순위	병원
1	MD앤더슨 암센터(미국)
2	메모리얼 슬론 케터링 암센터(미국)
3	메이요 클리닉(미국)
4	구스타브 루시(프랑스)
5	삼성 서울 병원(한국)
6	서울 아산 병원(한국)
7	로열 마스덴 병원(영국)
8	다나-파버 암연구소(미국)
9	서울대 병원(한국)
10	존스 홉킨스 병원(미국)

‖ 표 3-3. 뉴스위크 선정 암 분야 세계 최고의 병원 TOP 10 ‖

이는 항암제를 개발하는 제약·바이오 기업에도 긍정적인 소식입니다. 세계적인 병원일수록 뛰어난 의료진과 양질의 데이터를 보유하고 있습니다. 보통 임상시험을 종합 병원에서 진행하므로 탑 클래스의 종합 병원이 있다는 건, 그만큼 신약 개발의 환경이 좋아졌음을 의미합니다. 최근에는 병원에서 스핀오프(spin-off)*하여 설립된 제약·바이오 기업도 늘어나고 있어 기대가 더욱 커지고 있습니다.

---

* 조직의 한 부서(팀)가 분리되어 새로운 회사를 설립하는 것을 말합니다.

자가면역질환
& 백신

앞에서 우리는 인체의 면역 시스템을 배웠습니다. 이번 장에서

는 면역 시스템과 관련된 대표 분야인 자가면역질환과 백신을

공부합니다.

자가면역질환

자가면역질환 이해하기

자가면역질환(Autoimmune disease)이란 우리 몸의 면역 시스템이 오작동하여 외부의 적이 아닌 자기 자신을 공격하는 것을 말합니다. 쉽게 말해 고장난 세포나 암세포를 공격해야 할 면역세포가 정상세포를 공격하는 것입니다.

세포로 이루어진 모든 조직과 장기에 암이 생길 수 있는 것처럼, 자가면역질환도 신체의 모든 곳에서 발병할 수 있습니다. 질환은 100여 가지 형태로 나타날 수 있는데 대표적인 질환으로는 류마티스 관절염, 크론병, 원형 탈모증, 건선, 갑상성 항진증(그레이브스병) 등이 있습니다. 20~50대에서 주로 발병하며, 여성의 발병률이 남성보다 4~5배 높습니다. 유럽과 북미에서는 전체 인구의 약 5%가 자가면역질환을 앓고 있는 것으로 파악됩니다. 유전, 생활습관, 호르몬, 극심한 스트레스 등이 원인일 것으로 추정되고는 있지만, 아직까지 정확한 원인이 밝혀지지 않고 있습니다.

시장 규모와 현황

자가면역질환은 암 다음으로 큰 시장 규모를 형성하고 있습니다. 또한, 앞으로도 꾸준한 성장이 기대되고 있죠. 환자의 숫자가 다른 질병보다 적은데도 시장성과 성장성이 높은 데는 이유가 있습니다.

자가면역질환은 완치의 개념보다는 관리의 개념입니다. 따라서 약을 평생 복용해야 합니다. 항암제는 금방 내성이 생기고, 내성이 생기면 약을 교체해야 하지만, 자가면역질환 치료제는 항암제보다 내성이 덜 생겨 오랫동안 복용할 수 있습니다. 즉, 제약·바이오 기업 입장에서는 한번 치료제를 내놓으면 한 명의 환자에게 긴 시간 동안 판매할 수 있습니다. 환자 수가 적어도 시장이 큰 이유입니다.

자가면역질환 치료제는 적응증을 확장하기가 상대적으로 쉽습니다. 하나의 약으로 여러 자가면역질환을 동시에 치료할 수 있죠. 또, 아직 치료제가 없는 질환이 많습니다. 그만큼 신약이 나올 수 있는 분야가 많다는 의미입니다.

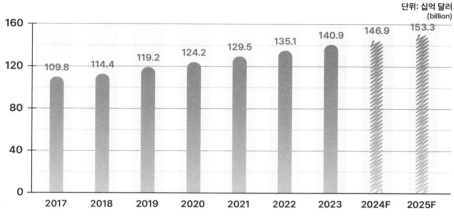

단위: 십억 달러
(billion)

2017	2018	2019	2020	2021	2022	2023	2024F	2025F
109.8	114.4	119.2	124.2	129.5	135.1	140.9	146.9	153.3

| 그림 4-1. 자가면역질환의 시장 규모와 성장 추이 |

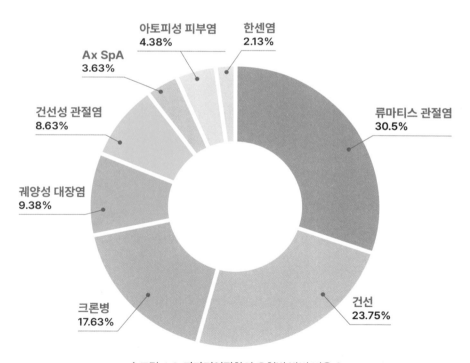

아토피성 피부염
4.38%

한센염
2.13%

Ax SpA
3.63%

건선성 관절염
8.63%

류마티스 관절염
30.5%

궤양성 대장염
9.38%

크론병
17.63%

건선
23.75%

| 그림 4-2. 자가면역질환의 유형별 발병 비율 |

즉, 성장성도 높습니다.

그림 4-2를 보면 류마티스 관절염(+건선성 관절염), 건선, 크론병, 갑상선 항진증(그레이브스병) 등의 발병 비율이 높은 것을 알 수 있습니다. 이런 이유로 현재까지의 치료제들은 이들 질환을 중심으로 형성되어 있습니다.

치료제와 대표 기업

1. 블록버스터 신약

자가면역질환 분야에는 블록버스터 신약이 많습니다. 이 신약들은 크게 종양괴사인자(Tumor Necrosis Factor, TNF)-α 억제제와 인터루킨(Interleukin, IL) 억제제로 나눌 수 있습니다.

TNF-α는 주로 대식세포에서 분비되는 사이토카인으로 면역세포를 활성화합니다. 적당히 분비되면 면역 기능을 높여주지만, 과도하게 분비되면 면역세포가 지나치게 활성화되어 여러 종류의 자가면역질환을 일으킬 수 있습니다. TNF-α를 억제해 면역세포의 활동을 줄이는 방식의 치료제를 TNF-α 억제제라고 합니다. 에브비(AbbVie)에서 만든 휴미라와 암젠의 엔브렐, 존슨앤존슨의 레미케이드가 대표적인 TNF-α 억제제입니다.

인터루킨은 다양한 면역세포가 분비하는 사이토카인입니다. 마찬가지로 적당하게 분비되면 도움이 되지만, 과도하게 분비되면 자가면역질환의 원인이 됩니다. 인터루킨을 억제하는 방식의 치료제를 인터루킨 억제제라고 하는

데, 존슨앤존슨의 스텔라라가 대표적입니다. 그럼 대표 치료제를 하나씩 살펴보겠습니다.

먼저, 휴미라(Humira, 아달리무맙)입니다. 2002년에 류마티스 관절염으로 첫 승인을 받은 이후 크론병, 건선 등으로 적응증을 확장했습니다. 자가면역질환 치료제 중에서 가장 다양한 질환을 치료하는 것으로 알려져 있으며, 특히 만성 염증성 질환*에 효과적입니다.

휴미라의 기전은 다음과 같습니다. 그림 4-3을 함께 봐주세요. 면역세포가 분비하는 TNF-α가 세포 표면에 있는 TNF-α 수용체와 결합하면 염증 반

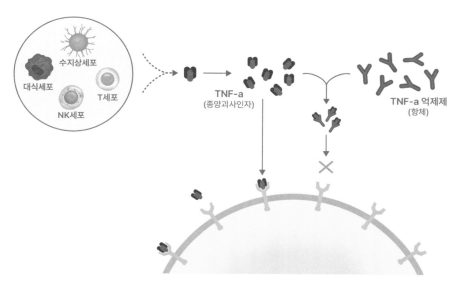

│ 그림 4-3. 항체가 TNF-α와 결합하여 TNF-α 수용체와의 결합을 막는 모습 │

---

* 지속적으로 약을 투여해야만 하는, 완치할 수 없는 질환을 의미합니다.

응이 유도되어 자가면역질환이 발생할 수 있습니다. 이때 휴미라를 투여하면 항체가 TNF-a와 결합해 TNF-a가 TNF-a 수용체와 결합하는 것을 막습니다. TNF-a를 억제해 면역세포의 활동을 조절하는 원리입니다. 아달리무맙이라는 일반명에서 알 수 있듯이 완전 인간화 항체를 사용하며, 피하지방 주사(SC)로 투여합니다.

휴미라는 2012년부터 2022년까지 11년 연속으로 글로벌 의약품 판매 1위를 차지하였으며, 2021년과 2022년에는 무려 200억 달러(약 26조 원)가 넘는 매출액을 올렸습니다. 단일 의약품 하나로 거둔 엄청난 성과입니다. TNF-a 억제제 중에서는 best-in-class라고 할 수 있습니다.

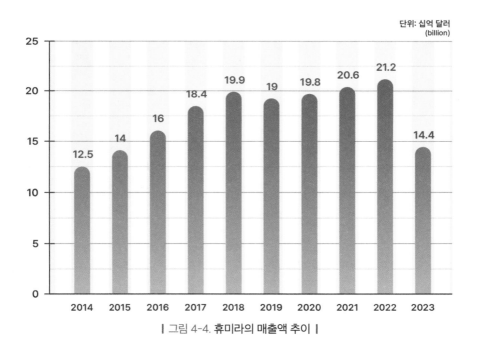

| 그림 4-4. 휴미라의 매출액 추이 |

다음은 엔브렐(Enbrel, 에타너셉트)입니다. 엔브렐은 1998년에 류마티스 관절염 치료제로 승인을 받았으며, 이후 건선성 관절염, 강직성 척추염 등으로 적응증을 확장했습니다. 휴미라와 같은 피하지방 주사(SC) 제형이며, 출시된 이래 매년 수십억 달러의 매출을 올리고 있는 블록버스터 신약입니다. 엔브렐도 TNF-α 억제제이므로, 큰 틀에서의 기전은 휴미라와 비슷합니다. 다만, 에타너셉트(Etanercept)라는 일반명에서 알 수 있듯이 항체가 아닌 단백질을 사용한다는 점에서 차이가 있습니다.

셋째는 레미케이드(Remicade, 인플릭시맙)입니다. 휴미라, 엔브렐과 동일

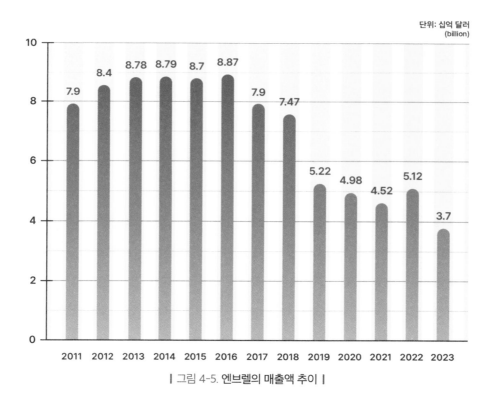

┃ 그림 4-5. 엔브렐의 매출액 추이 ┃

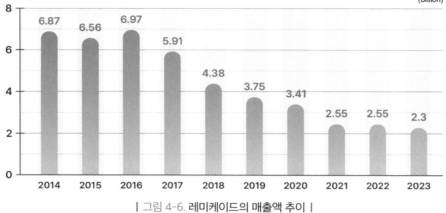

단위: 십억 달러
(billion)

| 그림 4-6. 레미케이드의 매출액 추이 |

한 TNF-α 억제제이지만, 인플릭시맙이라는 일반명에서 알 수 있듯이 키메라 항체를 사용한다는 점과 정맥 주사(IV)로 투여한다는 점에서 차이가 있습니다. 중증 자가면역질환에 효과적이며, 매출이 줄어들고 있지만, 출시 이후 매년 수십억 달러의 매출을 올린 바 있어 블록버스터 신약으로 분류됩니다.

마지막은 스텔라라(Stelara, 우스테키누맙)입니다. 인터루킨을 억제하는 방식의 자가면역질환 치료제로 기전은 다음과 같습니다.

IL-12(인터루킨-12)와 IL-23(인터루킨-23)은 IL-12 수용체, IL-23 수용체와 각각 결합해 염증 반응을 촉진하고 면역세포의 활성화를 유도합니다. 적당히 분비되면 문제가 없지만, 과도하게 분비되면 자가면역질환이 발생할 수 있습니다. 스텔라라를 투여하면, 항체가 IL-12, IL-23에 있는 p40이라는 소분자와 결합해 IL-12 수용체, IL-23 수용체와 결합하는 것을 막습니다. 인터루킨을 억제해 면역세포의 활동을 조절하는 원리입니다.

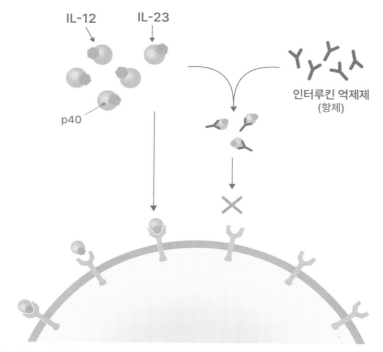

| 그림 4-7. 항체가 IL-12, IL-23과 결합해 IL-12 수용체, IL-23 수용체와의 결합을 막는 모습 |

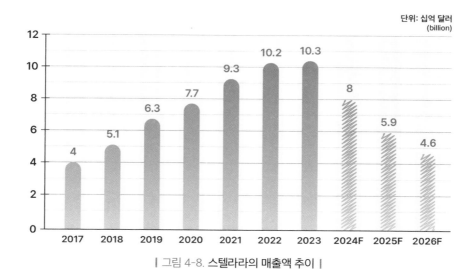

| 그림 4-8. 스텔라라의 매출액 추이 |

2009년에 건선 치료제로 승인을 받은 후 건선성 관절염, 크론병 등으로 적응증을 확장하였으며, 2021년부터 2023년까지 매년 100억 달러(13조 원)에 달하는 매출액을 달성한 블록버스터 신약입니다.

2. 후발주자의 도전

신약을 만드는 데는 엄청난 시간과 비용이 들어갑니다. 그래서 신약이 탄생하면 15~20년 동안은 특허로 독점 판매를 보장해줍니다. 현재 사용되는 대표 치료제들은 대부분 1990년대 후반 혹은 2000년대 초반에 개발된 것들로, 공교롭게도 2020년~2023년을 기점으로 특허가 만료되었습니다. 이는 곧 후발주자들과 치열하게 경쟁해야 해야 함을 의미합니다.

휴미라는 2016년에 미국 특허, 2018년에 유럽 특허가 각각 만료되었습니다. 다만, 미국에서는 추가적인 특허와 법적 분쟁으로 2023년이 되어서야 경쟁 제품이 나오기 시작했으며, 현재 10개가 넘는 의약품이 휴미라의 자리를 두고 치열한 경쟁을 벌이고 있습니다. 한편, 휴미라를 보유한 애브비도 건선과 크론병 치료제인 스카이리치(Skyrizi, 리산키주맙)를 출시하면서 매출 감소를 막고 있습니다.

엔브렐은 2012년에 미국 특허가 만료될 예정이었으나 추가 특허를 확보하면서 특허가 2029년까지 연장되었습니다(제조 공정 특허는 2025년까지). 따라서 현재 미국에서는 사실상 경쟁 제품의 출시가 어렵습니다. 반면, 한국과 일본 그리고 유럽에서는 2018년부터 여러 경쟁 제품이 판매되고 있습니다.

레미케이드 역시 경쟁이 매우 치열합니다. 2015년에 유럽 특허, 2018년

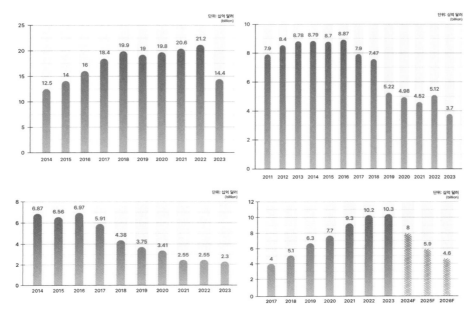

| 그림 4-9. 특허 만료일을 기점으로 매출이 감소하고 있는 자가면역질환 치료제들 |

에 미국 특허가 만료되어 여러 경쟁 제품들이 판매되고 있습니다. 앞서 언급했듯이 레미케이드는 정맥 주사(IV) 제형입니다. 흥미로운 점은 국내 기업인 셀트리온이 레미케이드의 효능을 넘어서는 약을 피하지방 주사(SC) 제형으로 만드는 데 성공했다는 것입니다. 바로 램시마 SC(Remsima SC, 인플릭시맙)*입니다. 더 나은 효능에 편의성까지 갖춰 전 세계의 주요 국가에서 레미케이드의 자리를 빠르게 대체하고 있습니다.

---

* 미국에서는 짐펜트라(Zymfentra, 인플릭시맙)라는 이름으로 출시되었습니다. 이처럼 같은 회사에서 만든 동일한 의약품도 제형이나 타깃 환자, 용량에 따라 다른 상품명으로 판매될 수 있습니다.

스텔라라는 2023년에 미국 특허가 만료되었습니다. 국내 기업인 셀트리온과 삼성바이오에피스의 경쟁 제품이 미국과 유럽을 비롯한 주요국에서 승인을 받았거나 승인을 앞두고 있습니다. 특히, 삼성바이오에피스는 국내에서 경쟁 제품을 스텔라라보다 40% 이상 낮은 가격으로 공급하고 있죠. 이처럼 경쟁 제품은 오리지널 의약품보다 훨씬 낮은 가격에 판매되므로 경쟁 제품이 나오면 오리지널 의약품의 매출은 타격을 받을 수밖에 없습니다.

오리지널 의약품의 효능을 모방한 경쟁 제품을 복제약, 바이오시밀러라고 하는데, 한국은 바이오시밀러 분야에서 글로벌 경쟁력을 갖추고 있습니다. 이 부분은 뒤에서 다시 설명드리겠습니다.

3. 새로운 치료제

TNF-α 억제제는 약물에 반응하지 않는 환자가 많습니다. 인터루킨 억제제는 악성 종양의 발생 위험을 증가시킬 우려가 있죠. 그리고 무엇보다 TNF-α와 인터루킨을 억제하는 방식으로는 치료할 수 없는 자가면역질환이 많습니다. 이런 이유로 새로운 기전을 갖는 치료제가 적극적으로 개발되고 있습니다. 항FcRn 치료제가 대표적입니다. 기전은 다음과 같습니다.

면역 시스템이 오작동하여 자기 자신을 공격하는 항체를 자가항체라고 합니다. 자가면역질환 환자는 항체의 한 종류인 IgG가 자가항체의 역할을 합니다.[*] 따라서 IgG의 활동을 줄여 줄 필요가 있습니다. 어떻게 줄일 수 있을

---

[*] 자가면역질환의 원인은 무수히 많습니다.

까요? 그림 4-10을 함께 봐주세요.

IgG는 세포 표면의 FcγR과 결합해 세포 내부로 이동할 수 있습니다. 그리고 세포 내부에서 FcRn과 결합니다.* FcRn은 IgG가 세포소기관인 리소좀에서 분해되지 않도록 보호한 후, IgG를 다시 혈액으로 방출합니다. 즉, IgG

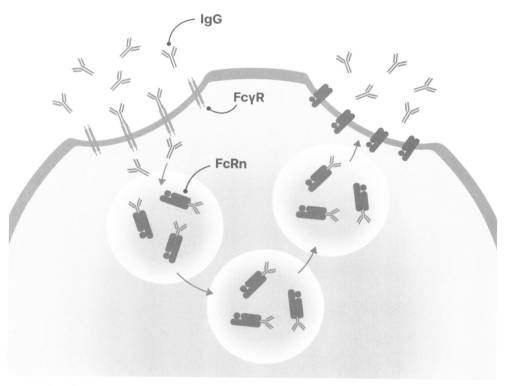

Ⅰ 그림 4-10. IgG가 FcγR과 결합해 세포 내부로 이동한 후, 그 안에서 FcRn와의 결합을 통해 다시 혈액으로 방출되는 모습 Ⅰ

---

* FcγR은 Fc 감마 수용체(Fc gamma receptor), FcRn은 신생아 Fc 수용체(Neonatal Fc Receptor)라고 부릅니다.

는 FcRn과의 결합을 통해 분해되지 않고 더 오랫동안 활동(#재순환)할 수 있습니다. IgG와 FcRn의 결합을 차단하면 IgG의 활동을 줄일 수 있겠죠? 이러한 방식의 치료제를 항FcRn이라고 합니다.

사이토카인의 일종인 TNF-α와 인터루킨을 억제하는 방식의 치료제가 염증 반응을 줄여 증상을 완화하는 것이라면, 항FcRn 치료제는 자가면역질환의 근본 원인으로 작용하는 자가항체의 재순환을 막습니다. 따라서 중증 근무력증, 원발성 면역 혈소판 감소증 등 이전에 치료제가 없었던 다양한 자가면역질환에 광범위하게 적용될 가능성이 충분합니다.

항FcRn과 관련해 소개해드릴 기업으로는 네덜란드의 아제넥스(Argenx)와 한국의 한올바이오파마가 있습니다. 2021년 12월, 아제넥스가 개발한 중증 근무력증 치료제인 비브가르트(Vyvgart, 에프가티모드)가 FDA의 승인을 받으면서 항FcRn 시장이 본격적으로 열렸습니다. 한올바이오파마는 2019년에 비브가르트와 동일한 기전을 갖는 바토클리맙(Batoclimab)*을 이뮤노반트(Immunovant)에 기술 이전하였고, 현재는 이뮤노반트가 미국 및 유럽에서 이 기술을 바탕으로 임상시험을 진행하고 있습니다.

TNF-α 기전의 휴미라는 류마티스 관절염, 크론병, 궤양성 대장염을 포함해 총 15개 정도의 적응증으로 오랜 기간 자가면역질환 시장의 왕좌를 지켰습니다. 현재 항FcRn 치료제는 23개의 적응증으로 개발되고 있으며, 아제넥스 CEO에 따르면 이론적으로 100여 가지의 자가면역질환에 적용할 수 있다

---

* 일반명입니다. 아직 상용화된 의약품이 아니므로 상품명이 없습니다.

고 합니다. 향후 자가면역질환 시장에서 어느 기업이 왕좌를 차지할지 귀추가
주목됩니다.

백신

백신의 탄생

인체에 세균이나 바이러스와 같은 병원체가 침입하면 면역세포가 출동해 병원체와 전쟁을 벌입니다. 이때 기억 능력이 있는 면역세포는 병원체의 특징을 기억해 둡니다. 그 덕분에 추후 같은 병원체가 침입하면 다른 면역세포가 지체하지 않고 바로 대응할 수 있습니다. 이러한 메커니즘을 활용한 의약품이 바로 백신입니다.

과거 마마로도 불렸던 천연두는 두창 바이러스(Variola)에 의해 발생하는 전염병입니다. 치사율이 30%가 넘어 많은 사람이 천연두로 목숨을 잃었죠. 운 좋게 회복되어도 얼굴에 곰보 자국이라 불리는 흉터가 남았습니다. 다만, 천연두에 한번 걸린 사람은 평생 천연두에 걸리지 않았죠. 이러한 점에 착안해 사람들은 천연두에 걸린 환자의 고름을 소량으로 주입해 면역을 유도하는 방법으로 천연두를 예방하고자 했습니다. 이렇게 감염 환자의 고름이나 딱지를 이용해 면역을 유도하는 방법을 종두법(種痘法, Variolation)이라고 합니다. 문제는 종두법은 부작용이 심하다는 것이었습니다. 천연두를 예방하려다 오히려 천연두에 걸리는 일이 잦았죠.

영국의 의사였던 에드워드 제너(Edward Jenner)는 우연히 소의 젖을 짜는 여성은 천연두에 잘 걸리지 않는다는 이야기를 듣습니다. 소의 젖을 짜는 여성은 천연두와 비슷한 우두라는 병에 걸렸는데 우두는 천연두와 달리 가볍게 앓고 금방 회복되었습니다. 그리고 우두에 걸리면 천연두에 대해서도 면역이 생겼습니다.* 이에 제너는 우두에 걸린 사람의 고름을 건강한 사람에게 주입해 천연두를 예방하는 아이디어를 고안합니다. 다행히 이 방법은 효과가 있었습니다. 이렇게 우두 바이러스를 이용해 면역을 유도하는 방법을 우두법(牛痘法, cowpox Inoculation)이라고 합니다. 1796년에 개발된 이 우두법이 바로 백신의 시초입니다.

이후 1885년, 프랑스의 화학자이자 미생물학자인 루이 파스퇴르(Louis

---

* 천연두와 우두는 질병을 유발하는 바이러스가 서로 다르지만, 한쪽이 면역력을 갖게 되면 다른 쪽에서도 면역력을 갖습니다. 이를 교차면역이라고 합니다.

Pasteur)가 광견병을 비롯해 여러 질병을 예방하는 백신을 만드는 데 성공하면서 현대적인 백신이 탄생합니다.

백신은 수많은 질병으로부터 인류를 구합니다. 근육의 약화와 마비를 일으키는 소아마비(Poliomyelitis)는 대부분의 국가에서 소멸되었고, 고열과 발진을 동반하며 폐렴이나 뇌염과 같은 심각한 합병증을 일으키는 홍역(Measles) 역시 발병률이 크게 낮아집니다. 호흡 곤란과 심장 손상을 초래하는 디프테리아(Diphtheria)는 백신 도입 이후 거의 사라졌고, 간염, 간경변, 간암을 일으킬 수 있는 B형 간염 또한 매우 낮은 발병률을 유지하고 있습니다. 그리고 앞서 소개한 천연두는 완전히 박멸되었습니다.

질병	증세	백신 개발	백신 도입 이후 상황
천연두 (Smallpox)	고열, 두통, 발진, 수포를 동반. 치사율 30%로 회복 후 얼굴 흉터	1796년	발병 사례 없음
디프테리아 (Diphtheria)	인후염, 발열, 호흡 곤란, 심장 및 신경 손상	1920년대	5건 미만 (2000년, 미국)
소아마비 (Polio)	발열, 두통, 근육통, 마비. 회복 후 영구적인 근육 약화 및 마비	1955년	발병 사례 없음 (미국, 2017년)
홍역 (Measles)	고열, 기침, 콧물, 발진. 회복 후 면역 체계 약화, 드물게는 뇌염	1963년	사실상 근절 (2000년대 초, 미국)
B형 간염 (Hepatitis B)	피로, 황달, 간부전. 회복 후 만성 간염으로 발전 가능	1981년	감염률 급하락 신생아 예방 접종으로 확산 방지
자궁경부암 (Cervical Cancer)	비정상적인 질 출혈, 골반 통증, 성교 후 통증. 회복 후 생식기능 저하 및 암 전이 가능성	2006년	예방 접종 후 발병률 급하락
코로나19 (COVID-19)	발열, 기침, 호흡 곤란, 피로, 근육통, 미각/후각 상실. 회복 후 장기적인 피로, 호흡기 문제, 신경 손상	2020년	발병률 저하 및 중증도 감소

| 표 4-1. 백신의 도입과 이후 상황 |

백신의 종류

전통적인 백신은 크게 약독화 생백신(live attenuated vaccine)과 불활성화 사백신(Inactivated Vaccine)으로 나눌 수 있습니다. 약독화 생백신은 살아 있는 병원균을 배양해 독성을 약하게 만든 다음(약독화), 사람에게 주입하는 방식의 백신으로 홍역, 소아마비(경구용), 수두, 대상포진, 결핵, 장티푸스, 풍진 백신 등이 대표적인 약독화 생백신입니다. 약독화 생백신은 효과가 뛰어나고 접종 주기가 길다는 장점을 갖지만, 병원체가 살아 있으므로 면역력이 약하면 오히려 병에 걸리는 부작용이 발생할 수 있습니다. 백신 개발 초기에 에드워드 제너나 파스퇴르가 만든 백신이 생백신에 해당합니다.

불활성화 사백신은 병원체는 죽이고, 면역 반응을 유도할 수 있는 항원만 살려서 만든 백신을 말합니다. 병원체를 죽였기 때문에 상대적으로 안전하다는 장점이 있습니다. 다만 효과가 생백신보다 약하고 여러 번 접종해야 한다는 단점을 지닙니다. 장티푸스, 백일해, A형 간염, 소아마비(주사용), 콜레라 백신 등이 사백신에 속합니다.

최근에는 RNA 백신, 바이러스 벡터 백신 등 여러 종류의 백신이 나오고 있습니다. 코로나19 치료제의 원리를 살펴보면서 최신 백신을 이해해보도록 하겠습니다.

코로나19로 알아보는 백신

1. 코로나19 바이러스

세포는 분열을 통해 증식하지만, 바이러스는 세포를 숙주로 삼아 유전 물질을 복제하는 방식으로 증식합니다. 바이러스는 세포에 침투한 후, 자신의 유전 물질을 주입해 세포가 대신 유전 물질을 복제하도록 합니다. 그다음 이렇게 복제된 유전 물질을 단백질과 합성하여 바이러스 입자로 만듭니다. 바이러스 입자는 곧 세포를 빠져나와 또 다른 세포에 침투합니다. 그리고 위 과정을 계속 반복합니다.

아래 그림은 코로나19 바이러스의 모습입니다. 왕관 모양으로 생겨서 라

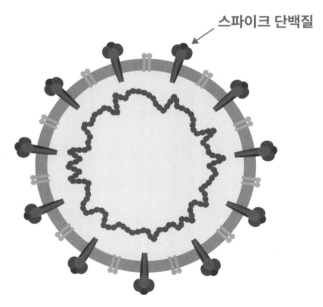

| 그림 4-11. 코로나19 바이러스의 모습 |

틴어로 '왕관'을 뜻하는 '코로나'라는 이름이 붙었습니다. 겉면에 있는 돌기 모양을 스파이크 단백질이라고 합니다. 스파이크 단백질은 세포 표면에 발현된 ACE2(Angiotensin-Converting Enzyme 2) 단백질 수용체와 결합하여 코로나19 바이러스가 세포 속으로 침투하는 것을 돕습니다. 코로나19 바이러스는 세포 안에서 자신의 RNA*를 복제해 또 다른 바이러스를 만들고, 새로운 바이러스는 곧 세포를 빠져나와 ACE2 단백질 수용체를 발현하는 또 다른 세포 속으로 침투합니다. 이런 방식으로 코로나19 바이러스는 빠르게 증식합니다.

참고로 ACE2 단백질 수용체는 폐의 상피세포에 많이 존재합니다. 그래서 코로나19 바이러스가 침투하면 증상이 폐에 집중되는 경향을 보입니다.

2. 치료제의 원리

코로나19 백신 치료제의 원리는 다음과 같습니다.

코로나19 바이러스는 표면에 있는 스파이크 단백질을 통해 세포와 결합합니다. 스파이크 단백질을 타깃으로 하는 항체를 만들고, 이 항체를 스파이크 단백질과 결합시키면, 스파이크 단백질이 세포와 결합하는 것을 막을 수 있습니다. 항체를 만드는 방법도 간단합니다. 인체에 스파이크 단백질을 넣어주면 면역 시스템이 이에 대항하는 항체를 생성합니다. 문제는 이러한 방식의 백신 개발에는 기간이 오래 걸린다는 것입니다. 촌각을 다투는 시기에는 적합하지 않겠죠? 그래서 전문가들은 스파이크 단백질을 직접 넣지 않고도 같은

---

* 바이러스의 유전 물질은 DNA 아니면 RNA인데, 코로나19 바이러스는 RNA를 갖고 있습니다.

효과를 낼 수 있는 두 가지 유형의 백신을 만듭니다.

첫째는 mRNA* 백신입니다. 질병을 치료하는 데 특정 단백질(ex. 스파이크 단백질)이 필요할 때, 그 단백질을 생산하는 유전 정보가 담긴 mRNA를 넣어 세포(정확히는 세포의 리보솜)가 단백질을 생산하도록 하는 것이 mRNA 백신의 개념입니다. 그림 4-12를 함께 보면서 자세히 알아볼까요?

mRNA는 매우 불안정하고 쉽게 분해됩니다. 또 세포막을 직접 통과하기가 어렵죠. 그래서 스파이크 단백질을 합성할 수 있는 유전 정보가 담긴 mRNA를 지질 나노입자(Lipid Nanoparticles, LNP)로 포장합니다. 그다음 근육 주사(IM)를 통해 인체에 주입하면 체내의 세포가 mRNA의 정보를 바탕으로 스파이크 단백질을 합성해 표면에 발현하고, 이를 인지한 B세포는 항체를

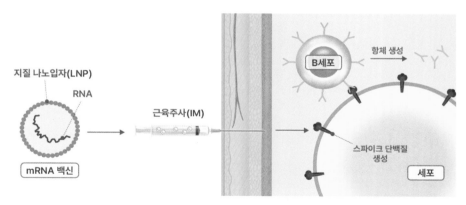

| 그림 4-12. mRNA 백신의 원리 |

---

* RNA에는 여러 유형이 있는데, DNA의 유전 정보를 리보솜으로 운반하는 RNA를 메신저(messenger) RNA, 줄여서 mRNA라고 부릅니다.

생성합니다. 이렇게 생성된 항체는 추후에 코로나19 바이러스가 침투했을 때 스파이크 단백질과 결합하여 바이러스의 증식을 억제합니다.

mRNA 백신은 신속한 개발과 대규모 생산이 가능하고, 살아 있는 바이러스를 사용하지 않으므로 상대적으로 안전합니다. 다만, mRNA가 불안정하기 때문에 초저온(냉동)에서 보관해야 하고 저온 운송을 해야 하기에 취급하기가 까다롭습니다. 또한 유통기간이 짧다는 단점이 있습니다.

둘째는 바이러스 벡터 백신입니다. 바이러스는 세포 속으로 들어가 자신의 유전 물질을 복제하는 방식으로 증식합니다. 바이러스에 우리가 원하는 유전 물질을 삽입하면 바이러스가 세포에 침투하면서 자연스럽게 유전 물질이 세포 안으로 들어가겠죠? 이렇게 한 생명(ex. 바이러스)에서 다른 생명(ex. 세포)으로 유전 물질을 운반하는 도구를 벡터라고 하는데, 바이러스를 벡터로 활용하므로 바이러스 벡터 백신이라는 이름이 붙었습니다. 바이러스 벡터 백신의 원리는 다음과 같습니다. 그림 4-13을 함께 봐주세요.

먼저 코로나19 바이러스의 RNA를 역전사(reverse transcription)해 DNA로 변환합니다. 그다음 이 DNA를 인체에 무해하고 복제가 불가능한 아데노바이러스에 삽입합니다.* 이렇게 만들어진 백신을 근육 주사(IM)로 인체에 주입하면 아데노바이러스가 세포 속으로 침투하여 세포 표면에 스파이크 단백질이 발현됩니다. 이 다음부터는 mRNA 백신과 동일한 면역 반응이 진행됩니다.

---

* 아데노바이러스는 DNA를 옮기는 데 최적화되어 있습니다. 그래서 코로나19 바이러스의 RNA를 DNA로 변환한 다음 사용합니다.

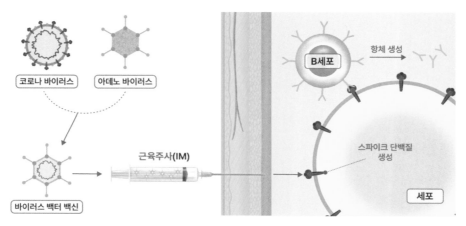

| 그림 4-13. 바이러스 벡터 백신의 원리 |

B세포가 항체를 생성하고, 이렇게 생성된 항체가 추후에 코로나19 바이러스가 침투했을 때, 스파이크 단백질과 결합하여 바이러스의 증식을 억제합니다.

DNA는 RNA와 달리 안정적이어서 바이러스 벡터 백신은 보관과 유통이 mRNA 백신보다 수월합니다. 다만, 제조 과정이 비교적 복잡해 시간이 더 걸린다는 단점이 있습니다.

암 백신

암 백신에는 크게 두 가지 종류가 있습니다. 하나는 기존 백신과 메커니즘이 동일한 암 예방용 백신이고, 다른 하나는 암을 치료하는 암 치료용 백신(#항암 백신)입니다. 대표적인 암 예방용 백신으로는 자궁경부암 백신이 있습니다. 체내의 세포가 암세포로 변하는 경우도 있지만, 외부의 바이러스에 의해 암세포가 되는 경우도 있습니다. 이렇게 암을 유발하는 바이러스를 종양 바이러스(oncovirus)라고 합니다.

인유두종 바이러스(HPV)	자궁경부암
B형 간염 바이러스(HBV)	간암
C형 간염 바이러스(HCV)	간암
헤르페스 바이러스(KSHV)	카포시 육종
엡스타인-바 바이러스(EBV)	버킷 림프종, 호지킨 림프종, 비인두암

ㅣ 표 4-2. 다양한 종양 바이러스 ㅣ

인유두종 바이러스(Human Papillomavirus, HPV)는 피부나 점막을 통해 인체에 침입하여 다양한 부위를 감염시킵니다. HPV에는 여러 유형이 있는데 이 중의 일부는 자궁경부의 세포를 감염시키고, 이러한 상태가 지속되면 자궁경부암으로 발전합니다. 자궁경부암은 바이러스가 원인이므로 백신을 통해 예방할 수 있습니다. 원리는 다음과 같습니다.

먼저, HPV의 중요한 단백질(L1)을 이용해 바이러스처럼 보이지만 감염은 일으키지는 않는 유사 입자(Virus-Like Particles, VLP)를 만듭니다. 그리고 VLP를 백신의 형태로 체내에 주입하면 면역 시스템이 VLP에 대한 항체를 형성합니다. 추후 HPV가 침입하면 미리 준비되어 있는 항체가 결합해 세포가 감염되는 것을 막습니다.

대표적인 자궁경부암 백신으로는 머크가 만든 가다실(Gardasil)이 있습니다. 글로벌 시장에서 약 80%를 점유하는 블록버스터 의약품입니다. 경쟁 상품으로는 글락소스미스클라인(GlaxoSmithKline, GSK)의 서바릭스(Cervarix)가 있습니다.

암 치료용 백신은 인체의 면역 시스템을 활성화해 암세포를 사멸하는 방식입니다. 원리는 다음과 같습니다. 그림 4-14를 함께 봐주세요.

먼저, 암 환자의 암 조직에서 면역 반응을 가장 강하게 유발할 것 같은 암특이적 또는 돌연변이 단백질을 찾아냅니다. 그다음 이 단백질의 유전 정보를 mRNA의 형태로 만들고, 안전하게 세포까지 도달할 수 있도록 지질 나노입자(Lipid Nanoparticles, LNP)로 포장합니다. 그리고 이렇게 만들어진 백신을 인체에 주입합니다. mRNA는 수지상세포와 같은 항원제시세포에 침투하여 그 안에서 목표로 하는 단백질을 합성합니다. 수지상세포는 이 단백질의 항원 조각을 표면에 제시하고, 이렇게 항원이 제시되면 T세포가 움직입니다. 헬퍼 T세포는 사이토카인을 분비해 다른 면역세포들을 활성화하고, 킬러 T세포는

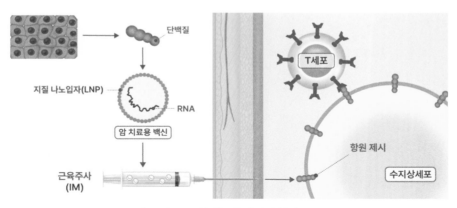

| 그림 4-14. 암 치료용 백신의 원리 |

암세포를 직접 공격하며, 기억 T세포는 이 항원을 기억해 두었다가 다음에 동일한 항원을 가진 암세포를 발견하면 면역 반응을 빠르게 유도합니다.

같은 암이더라도 암세포의 형태는 환자마다 다릅니다. mRNA 방식의 백신은 환자 개개인에게 필요한 단백질을 빠르게 만들 수 있으므로, 맞춤형 치료를 할 수 있습니다.

현재 암 치료용 mRNA 백신의 선두주자는 바이오엔테크(BioNTech)와 모더나(Moderna)입니다. 2024년 7월 기준으로 바이오엔테크는 12개의 암 치료용 백신을 임상시험하고 있습니다. 이 중에서 흑색종 백신은 임상 2상에 돌입했고, 대장암 백신은 임상 2상을 진행하고 있습니다. 모더나는 8개의 암 치료용 백신을 임상시험하고 있습니다. 이 중에서 비소세포폐암, 방광암, 흑색종 등을 대상으로 임상 3상을 진행 중인 mRNA-4157*이 차세대 동력이 될 것이라는 평이 나오고 있습니다.

주목할 점은 흑색종 환자를 대상으로 하는 임상시험에서 키트루다를 단독으로 투여했을 때보다 mRNA 백신을 병용 투여했을 때의 결과가 압도적으로 좋았다는 것입니다. 즉, 암 치료용 mRNA 백신은 키트루다와의 병용 투여 효과가 매우 뛰어납니다. 이런 이유로 일부 고형암의 경우 키트루다와 mRNA 백신의 병용 투여로 시장이 재편될 것으로 예상되고 있습니다. 특히, 모더나의 mRNA 백신은 근육 주사(IM)와 피하지방 주사(SC)가 모두 가능해 성장성

---

* mRNA-4157은 프로젝트의 이름입니다. 해당 프로젝트는 모더나와 머크가 50:50으로 판권을 보유하고 있습니다.

이 더욱 크다고 할 수 있습니다.

시장 규모와 대표 기업

코로나19 팬데믹은 백신 시장에 큰 변화를 일으켰습니다. 팬데믹 이전에는 유아 및 어린이를 대상으로 한 예방 접종이 주류였으나, 팬데믹 기간에 성인과 노인을 포함한 전 연령층에 대한 대규모 접종의 필요성이 부각되면서 백신 시장의 규모가 급격히 확대되었습니다. 기업의 매출 증가로 연구·개발에 더욱 많은 비용이 투자되고 있으며, 이러한 변화는 백신 산업의 지속적인 성장

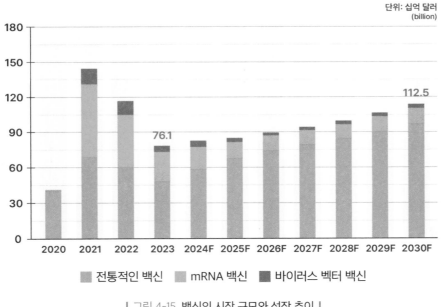

| 그림 4-15. 백신의 시장 규모와 성장 추이 |

순위	의약품명	기업	치료 분야	2023년 매출액
1	코미나티	화이자	코로나19	13.5
2	가다실	머크	자궁경부암	8.89
3	스파이크박스	모더나	코로나19	7
4	프리브나	화이자	폐렴 구균	6.34
5	신그릭스	GSK	대상 포진	3.6
6	플루존	사노피	인플루엔자(독감)	1.2

┃ 표 4-3. 2023년 기준, 매출액 상위 백신 제품 ┃

을 이끌 것으로 전망되고 있습니다. 백신과 관련한 기업으로는 GSK, 사노피 (Sanofi), 머크 그리고 화이자가 있습니다.

화이자는 코로나19 팬데믹이 발생하고, 적절한 타이밍에 백신 개발에 성공하면서 2년 동안 약 100조 원이라는 엄청난 매출을 올립니다. 다른 기업들은 모두 코로나19 백신 개발에 실패했는데, 화이자는 어떻게 성공할 수 있었던 걸까요? 전통적인 백신 기업들은 시간이 오래 걸리는 기존의 백신 개발 방식을 고수했습니다. 반면, 화이자를 비롯해 백신 개발에 성공한 기업들은 mRNA라는 새로운 기술을 접목해 백신을 신속하게 개발할 수 있었죠. 당시 백신 개발은 시간과의 싸움이었기 때문에 시장을 먼저 선점한 일부 기업들은 막대한 수익을 거둘 수 있었습니다.

백신과 관련한 국내 기업으로는 차백신연구소와 유바이오로직스, 그리고 SK바이오사이언스가 있습니다. 차백신연구소는 B형 간염 치료 백신과 예방 백신 그리고 대상포진 백신을 개발하고 있습니다. B형 간염 치료 백신은 2025년에 국내 임상 3상에 진입할 것으로 기대되며, B형 간염 예방 백신은 글로벌 임상 2상을 추진하고 있습니다. 2회 접종만으로 혈청 방어율 100%를 기록한 사례가 있는 만큼 기대감이 커진 상황입니다.

유바이오로직스는 2015년에 경구용 콜레라 백신을 상용화했습니다. 2016년부터 유비콜이라는 이름으로 백신을 수출하고 있으며 최근에는 유니세프 및 WHO와 장기 공급계약을 체결하였습니다. 세균 감염성 질환인 장티푸스 백신과 수막구균 백신도 개발하고 있는데 필리핀에서 임상 3상을 완료하였고, 현재 아프리카에서 3천 명을 대상으로 임상 3상을 진행하고 있습니다.

SK바이오사이언스는 백신 개발과 유통을 함께 합니다. 폐렴구균, 독감, 대상포진, 수두, 장티푸스 백신 등을 판매하고 있으며, 차세대 폐렴구균 백신과 자궁경부암 백신으로 임상시험을 진행하고 있습니다. 코로나19 팬데믹 시기에는 노바백스로부터 백신 생산 주문을 받았고, 최근에는 사노피와 백신 5종에 대한 유통 계약을 체결한 바 있습니다.

핵심만 쏙쏙!

1. 자가면역질환

자가면역질환 이해하기

자가면역질환(Autoimmune disease)이란 우리 몸의 면역 시스템이 오작동하여 외부의 적이 아닌 자기 자신을 공격하는 것을 말합니다. 쉽게 말해 고장난 세포나 암세포를 공격해야 할 면역세포가 정상세포를 공격하는 것입니다.

시장 규모와 현황

자가면역질환은 완치의 개념보다는 관리의 개념입니다. 한번 치료제를 내놓으면 한 명의 환자에게 긴 시간 동안 판매할 수 있습니다. 환자 수가 적어도 시장이 큰 이유입니다. 또한, 자가면역질환 치료제는 다른 질병보다 적응증을 더 쉽게 확장할 수 있고, 아직 치료제가 없는 질환이 많아 성장성이 큽니다.

치료제와 대표 기업

현재 사용되고 있는 대표 치료제로는 애브비에서 만든 휴미라, 암젠의 엔브렐, 존슨앤존슨이 개발한 레미케이드와 스텔라라가 있습니다. 자가면역질환 치료제는 크게 TNF-α 억제제와 인터루킨 억제제로 나뉘는데, 휴미라, 엔브렐, 레미케이드는 TNF-α 억제제이고, 스텔라라는 인터루킨 억제제입니다. 위 네 가지 치료제는 모두 블록버스터 신약으로 2020년~2023년을 기점으로 특허가 만료되었습니다. 그래서 현재는 후발주자들과 치열하게 경쟁하고 있습니다.

한편, 새로운 기전을 갖는 항FcRn 치료제도 활발하게 연구되고 있습니다. 항FcRn 치료제는 IgG와 FcRn의 결합을 차단해 IgG의 재순환을 막음으로써 자가항체의 활동을 줄이는 원리입니다. 관련 기업으로는 네덜란드의 아제넥스(Argenx)와 한국의 한올바이오파마가 있습니다.

2. 백신

백신의 탄생

인체에 병원체가 침입하면 면역세포가 출동해 병원체와 전쟁을 벌입니다. 이때 기억 능력이 있는 면역세포는 병원체의 특징을 기억해 둡니다. 그 덕분에 추후 같은 병원체가 침입하면 다른 면역세포가 지체하지 않고 바로 대응할 수 있습니다. 이러한 메커니즘을 활용한 의약품이 바로 백신입니다. 백신 도입 이후 천연두, 소아마비, 홍역, 디프테리아 등 수많은 질병의 발병률이 크게 낮아졌습니다.

백신의 종류

전통적인 백신은 크게 약독화 생백신과 불활성화 사백신으로 나눌 수 있습니다. 약독화 생백신은 살아 있는 병원균을 활용하므로 효과가 뛰어나고 접종 주기가 길다는 장점을 갖지만, 면역이 약하면 오히려 병에 걸리는 부작용이 발생할 수 있습니다. 불활성화 사백신은 병원체를 죽이고 면역 반응을 유도하는 항원만 살려서 만듭니다. 따라서 비교적 안전하지만, 효과가 생백신보다 약하고 여러 번 접종해야 하는 단점을 지닙니다. 최근에는 RNA 백신, 바이러스 벡터 백신 등 다양한 종류의 백신들이 나오고 있습니다.

코로나19로 알아보는 백신

스파이크 단백질은 세포 표면에 발현된 ACE2 단백질 수용체와 결합하여

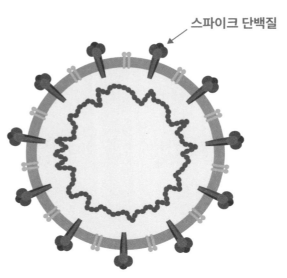

| 그림 4-16. 코로나19 바이러스의 모습 |

코로나19 바이러스가 세포 속으로 침투하는 것을 돕습니다. 스파이크 단백질을 타깃으로 하는 항체를 만들어서 스파이크 단백질이 세포와 결합하는 것을 막으면 되겠죠? 문제는 인체에 스파이크 단백질을 주입해 항체를 생성하는 방식의 백신을 개발하는 데는 시간이 오래 걸린다는 것입니다. 그래서 직접 스파이크 단백질을 넣지 않고도 항체를 생성하는 두 가지 유형의 백신을 만들어 냅니다.

첫째는 mRNA 백신입니다. 스파이크 단백질의 유전 정보가 담긴 mRNA를 지질 나노입자(LNP)로 포장해 근육 주사로 인체에 투여하면 체내의 세포가 mRNA의 정보를 바탕으로 스파이크 단백질을 합성해 표면에 발현하고, 이를 인지한 B세포가 항체를 생성합니다. mRNA 백신은 신속한 개발과 대규모 생산이 가능하고 상대적으로 안전하지만, 초저온(냉동)에서 보관해야 하고 저온 운송을 해야 하기에 취급하기가 까다롭습니다.

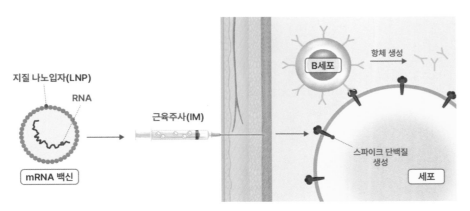

| 그림 4-17. mRNA 백신의 원리 |

둘째는 바이러스 벡터 백신입니다. 아데노바이러스에 스파이크 단백질을 발현하는 DNA를 삽입하고 근육 주사로 인체에 투여하면 아데노바이러스가 세포에 침투하여 세포 표면에 스파이크 단백질이 발현됩니다. 그리고 이를 인지한 B세포는 항체를 생성합니다. 바이러스 벡터 백신은 보관과 유통이 mRNA 백신보다 수월하지만, 제조 과정이 비교적 복잡해 시간이 더 걸린다는 단점이 있습니다.

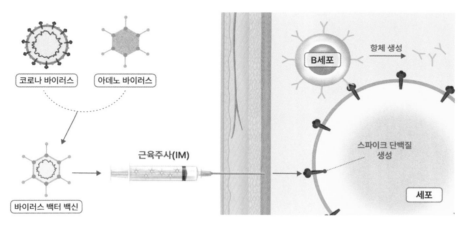

| 그림 4-18. 바이러스 벡터 백신의 원리 |

암 백신

암 백신에는 크게 두 가지 종류가 있습니다. 암 예방용 백신은 말 그대로 암을 예방하는 백신입니다. 자궁경부암 백신이 대표적입니다. 암 치료용 백신은 인체의 면역 시스템을 활성화해 암세포를 사멸하는 방식으로 원리는 다음과 같습니다.

먼저, 암 환자의 암 조직에서 면역 반응을 강하게 유발할 것 같은 단백질을 찾아내어 그 유전 정보를 mRNA 형태로 만든 다음, 지질 나노입자로 포장에 인체에 주입합니다. mRNA는 수지상세포와 같은 항원제시세포에 침투해 목표로 하는 단백질을 합성합니다. 수지상세포는 이 단백질의 항원 조각을 표면에 제시하고 이를 본 T세포는 암세포를 공격합니다.

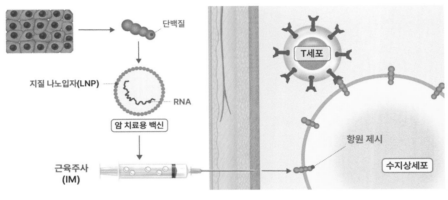

| 그림 4-19. **암 치료용 백신의 원리** |

현재 암 치료용 mRNA 백신의 선두주자는 바이오엔테크(BioNTech)와 모더나(Moderna)입니다.

시장 규모와 대표 기업

코로나19 팬데믹을 거치며 백신 시장의 규모가 급격하게 확대되었습니다. 백신과 관련된 대표 기업으로는 GSK, 사노피, 머크, 화이자가 있습니다. 국내에서는 차백신연구소와 유바이오로직스, SK바이오사이언스가 백신을 개발하고 있습니다.

1. 자가면역질환으로 인한 질병에는 어떤 것들이 있나요?

대표적인 질병은 아래와 같습니다.

- **류마티스 관절염**: 관절을 감싸고 있는 윤활막에 생긴 염증으로 인한 질환을 말합니다. 손가락, 발가락 등 작은 관절에서 통증과 부종을 유발하며, 아침 강직과 만성 피로를 동반합니다.
- **건선**: 각질층이 비정상적으로 두꺼워져 피부에 붉은 반점과 은백색의 비닐이 생기고, 가려움증과 통증을 동반합니다.
- **크론병**: 염증성 장 질환으로 복통, 만성 설사, 체중 감소, 피로 등을 유발합니다.
- **갑상선 항진증(그레이브스병)**: 갑상선의 항진(기능이 과도하게 활성화되는 상태)으로 인해 체중 감소, 심박수 증가, 안구 돌출 등의 증상이 나타납니다.
- **쇼그렌 증후군**: 눈물샘과 침샘에 이상이 생겨 구강과 안구가 건조해집니다. 피로와 관절 통증이 동반될 수 있습니다.

2. 코로나19 팬데믹 시기에 국내에서 접종했던 백신은 무엇인가요?

우리가 접종한 코로나19 백신은 각각 모더나, 화이자, 아스트라제네카, 얀센에서 만들었습니다. 이 중에서 모더나와 화이자의 백신은 앞에서 배운 mRNA 방식의 백신입니다. 반면, 아스트라제네카와 얀센의 백신은 바이러스 벡터를 활용한 백신입니다.

3. mRNA 백신마다 중점으로 두는 면역세포가 다른가요?

앞에서 배운 것처럼 코로나19 mRNA 백신은 주로 B세포의 항체 생성 반응을 유도하는 데 중점을 두고 있고, 암 치료용 mRNA 백신은 T세포의 활성화를 통해 암세포를 공격하는 데 중점을 두고 있습니다.

당뇨병 & 비만

당뇨병과 비만은 주변에서 흔하게 볼 수 있는 익숙한 질병으로 다양한 합병증을 유발합니다. 이번 장에서는 당뇨병과 비만을 공부합니다.

당뇨병

당뇨병의 이해

1. 당뇨병의 정의와 유형

그림 5-1을 함께 보면서 세포가 에너지를 얻는 과정을 배워보겠습니다. ①우리가 섭취한 탄수화물은 위를 거쳐 소장에서 소화효소에 의해 포도당으로 분해된 후, 소장의 상피세포를 통해 혈액으로 이동합니다. ②소장에 포도당이 증가하면 췌장의 베타 세포가 이를 감지하고, 인슐린이라는 호르몬을 혈액으로 분비합니다. ③즉, 혈액 안에는 포도당과 인슐린이 있습니다. ④인슐

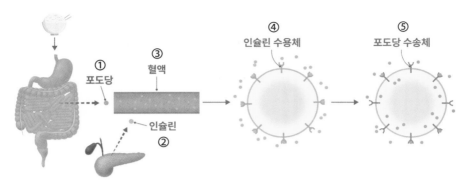

| 그림 5-1. 세포가 에너지를 얻는 과정 |

린은 혈액을 순환하면서 세포의 표면에 있는 인슐린 수용체와 결합합니다. ⑤ 그럼, 세포 내 신호전달경로를 통해 포도당 수송체(Glucose Transporter Type 4, GLUT4)가 활성화되면서 세포 표면에 발현됩니다. 포도당은 이 포도당 수송체와 결합해 세포 안으로 들어가 에너지원으로 쓰입니다.

그런데 인슐린이 부족하면 포도당 수송체가 덜 발현되면서 포도당이 세포 안으로 들어가지 못하고 계속 혈액에 쌓입니다. 혈액 속에 포도당이 쌓이면 혈중 포도당 농도를 의미하는 혈당이 비정상적으로 올라갑니다. 이렇게 혈당이 비정상적으로 높은(지속적으로 올라가는) 상태를 당뇨병이라고 합니다. 포도당은 혈액을 돌다가 소변으로 배출되는데, 당이 소변으로 빠져나온다 하여 당뇨라는 이름이 붙었습니다.

당뇨병은 크게 두 가지 유형으로 나뉩니다. 첫째는 췌장에서 인슐린이 전혀 분비되지 않아 발생하는 당뇨입니다. 이를 제1형 당뇨라고 합니다. 자가면역질환의 하나로 주로 소아에게서 발생해 과거에는 소아 당뇨라고도 불렸습니다. 전체 당뇨병 환자의 5~10%가 제1형 당뇨입니다.

둘째는 인슐린은 분비되지만 인슐린의 기능이 악화되어 발생하는 당뇨입니다. 이를 제2형 당뇨라고 부릅니다. 지금까지 정확한 원인이 규명되지 않았지만 유전적인 요인과 잘못된 생활 습관 등이 원인으로 꼽히고 있으며, 전체 당뇨병 환자의 90~95%를 차지합니다. 우리가 주변에서 볼 수 있는 대부분의 당뇨병 환자는 제2형 당뇨입니다.

2. 당뇨병과 합병증

과일을 설탕에 오래 절여두면, 과일이 흐물흐물해집니다. 마찬가지로 포도당이 혈액에 계속 쌓이면(고혈당 상태가 지속되면), 혈관에 문제가 생깁니다. 그리고 혈관 문제는 여러 합병증을 유발합니다.

가장 대표적인 합병증은 심혈관 질환*입니다. 높은 수치의 혈당은 동맥 벽을 손상시키고, 동맥경화를 촉진하여 심장병, 뇌졸중, 고혈압 등의 심혈관 질환을 일으킵니다. 당뇨병 환자가 일반인보다 심혈관 질환에 걸리는 비율이 2~5배 높은 이유입니다. 신장의 미세 혈관이 손상되면 신장 기능이 떨어져 만성 신부전 등의 신장 질환을 앓게 되고, 망막 혈관이 손상되면 시력이 저하되어 실명할 수도 있습니다. 또, 신경 손상과 혈액 순환 기능의 저하로 발에 궤양이 생기기 쉬운데, 잘못 관리하면 발을 절단해야 합니다. 이 외에도 당뇨병은 여러 중증 질병을 유발하므로 많은 주의가 필요합니다. 당뇨병이 위험한

---

* 심장과 혈관에 영향을 미치는 질병을 통칭합니다.

진짜 이유입니다.

3. 시장 규모와 현황

국제당뇨병연맹(International Diabetes Federation, IDF)에 따르면 지난 10년간 당뇨병 환자는 꾸준히 증가해왔습니다. 2024년 기준으로 약 5억 4천만 명이 당뇨병을 앓고 있으며, 2030년에는 그 수가 6억 4천만 명으로 늘어날 것으로 예상되고 있습니다.

이는 우리나라도 예외가 아닙니다. 대한당뇨병학회에 따르면 국내에서 약 600만 명이 당뇨병을 앓고 있으며, 그림 5-4에서 볼 수 있듯이 고령으로 갈수록 그 비율이 급격하게 높아집니다.

당뇨병은 완치할 수 없는 만성 질환입니다. 치료제를 먹으면서 동시에 혈당 측정 기기와 같은 의료 기기를 이용해 지속적으로 관리해 주어야 합니다.

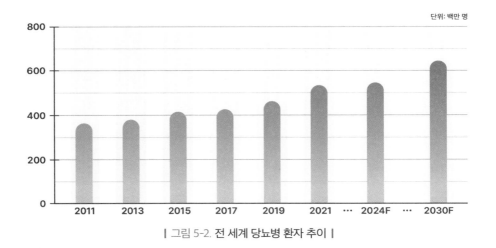

| 그림 5-2. 전 세계 당뇨병 환자 추이 |

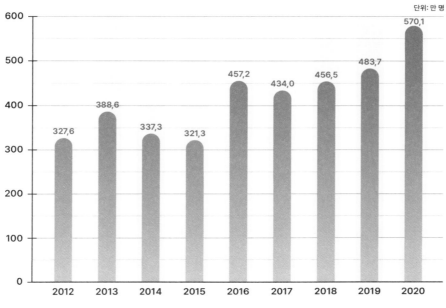

단위: 만 명

327.6	388.6	337.3	321.3	457.2	434.0	456.5	483.7	570.1
2012	2013	2014	2015	2016	2017	2018	2019	2020

| 그림 5-3. 국내 당뇨병 환자 추이 |

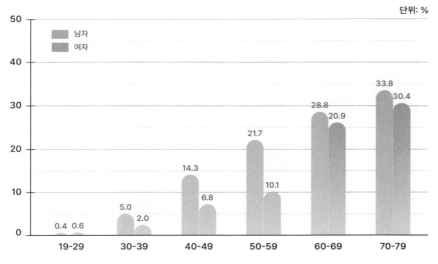

단위: %

■ 남자
■ 여자

	19-29	30-39	40-49	50-59	60-69	70-79
남자	0.4	5.0	14.3	21.7	28.8	33.8
여자	0.6	2.0	6.8	10.1	20.9	30.4

| 그림 5-4. 국내 연령별 당뇨병 환자 비율 |

그럼 지금부터 당뇨병 치료제의 작동 원리를 이해하기 위해 인슐린이 분비되는 메커니즘을 설명드리겠습니다.

인슐린 분비 메커니즘

인슐린은 췌장의 베타 세포에서 분비되는 호르몬으로 혈당을 낮추는 역할을 하고, 글루카곤은 췌장의 알파 세포에서 분비되는 호르몬으로 혈당을 높이는 역할을 합니다. 이 둘의 상호 작용에 의해 혈당이 안정적으로 조절됩니다.

1. 인크레틴 호르몬

인크레틴(Incretin)은 소장에서 분비되는 호르몬으로 인슐린을 분비하는 췌장의 베타 세포를 자극하여 식사 후, 혈당을 낮추는 데 중요한 역할을 합니다. 인크레틴 호르몬에는 크게 두 가지가 있습니다. 하나는 GLP-1(Glucagon-Like Peptide-1, 글루카곤 유사 펩타이드)이고 다른 하나는 GIP(Glucose-Dependent Insulinotropic Polypeptide, 포도당 의존성 인슐린 분비 촉진 펩타이드)입니다.

음식을 섭취하면 소장에서 GLP-1과 GIP가 나옵니다. GLP-1은 소장의 L 세포에서 나오는 호르몬으로 30개의 아미노산으로 이루어진 펩타이드입니다. 췌장의 베타 세포 등에 발현된 GLP-1 수용체와 결합하여 인슐린의 분비를 촉진합니다. GIP는 소장의 K 세포에서 나오는 호르몬으로 42개의 아미노

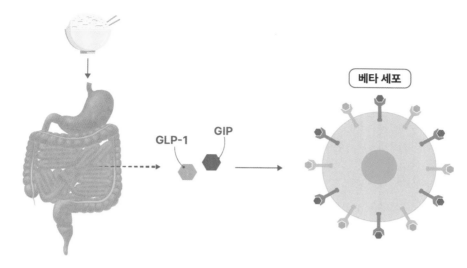

| 그림 5-5. 인슐린의 분비를 촉진하는 인크레틴 호르몬 |

산으로 이루어진 펩타이드입니다. 췌장의 베타 세포 등에 발현된 GIP 수용체와 결합하여 인슐린의 분비를 촉진합니다.

인슐린의 분비를 촉진하는 인크레틴 호르몬은 DPP-4 효소에 의해 금방 분해됩니다. 그래서 GLP-1은 1~2분, GIP는 7~8분으로 활동 기간(#반감기)이 짧습니다. 당뇨병 환자는 인슐린이 부족합니다. 인슐린 분비를 촉진하는 GLP-1과 GIP의 활동 기간을 늘려주거나 DPP-4를 억제하면 도움이 되겠죠?

엑세나타이드(exenatide)는 미국 독 도마뱀의 타액을 기반으로 만든 39개의 아미노산으로 이루어진 합성 펩타이드입니다. 인간의 GLP-1과 아미노산의 서열이 53% 일치하며, DPP-4에 저항성을 지녀 쉽게 분해되지 않습니다. 엑세나타이드는 체내에서 GLP-1과 유사한 역할을 합니다. GLP-1 수용체와 결합해 인슐린의 분비를 촉진하는 것이죠. 이렇게 GLP-1 수용체와 결합해 인슐린의 분비를 촉진하는 물질을 GLP-1 유사체(GLP-1 receptor agonis)[*]라고 합니다.

또 다른 GLP-1 유사체로는 리라글루타이드(liraglutide)가 있습니다. 리라글루타이드는 34개의 아미노산으로 이루어진 합성 펩타이드로, 인간의 GLP-1 아미노산 서열과 97% 일치하며, DPP-4에 의해 쉽게 분해되지 않습니다. 2010년, 노보 노디스크는 리라글루타이드를 기반으로 당뇨병 치료제를 만듭니다. 바로 빅토자(Victoza, 리라글루타이드)입니다. 빅토자를 투여하면 리라글루타이드가 GLP-1 수용체와 결합해 인슐린의 분비가 촉진됩니다.

당뇨병 치료제를 넘어 비만 치료제로

빅토자는 기존 당뇨병 치료제와 병용 투여하는 방식으로 사용됩니다. 하지만 곧 의외의 곳에서 다른 효과가 나타나기 시작합니다. 바로, 환자들의 체중이 감소한 것입니다. GLP-1은 위에서 음식물이 넘어가는 속도를 늦춰 포만감을 오랫동안 유지해 줍니다. 또, 뇌의 시상하부에 있는 식욕 중추에 작용해 식욕을 떨어뜨리죠. 자연적으로는 1~2분밖에 지속되지 않으므로 큰 영향을 받지 않지만, GLP-1 유사체를 사용하면 GLP-1이 오랫동안 분비된 것과

---

[*] GLP-1 수용체 작용제라고도 부릅니다. 엄밀히 말하면, GLP-1 수용체 작용제가 GLP-1 유사체보다 더 큰 범위입니다.

같은 효과가 있어 환자들의 체중이 줄어든 것입니다. 이에 착안해 노보 노디스크는 2014년에 빅토자의 적응증을 당뇨병에서 비만으로 확장합니다. 이렇게 탄생한 비만 치료제가 바로 삭센다(Saxenda, 리라글루타이드)입니다.* 비만 치료제는 이미 오래 전부터 존재해 왔지만, 극심한 부작용 때문에 제한적으로 사용되었습니다. 하지만 삭센다는 부작용이 심하지 않고, 체중 감소 효과가 확실했기에 출시 직후에 비만 치료제 시장을 석권합니다.

물론 삭센다에도 단점은 있었습니다. 매일 피하지방 주사(SC) 형태로 투여해야 한다는 것이었죠. 환자 입장에서는 여간 번거로운 일이 아닐 수 없습니다. 이에 노보 노디스크는 2021년, 일주일에 피하지방 주사를 한 번만 맞으면 되는 비만 치료제인 위고비(Wegovy, 세마글루타이드**)를 출시합니다. 위고비도 출시되자마자 엄청난 돌풍을 일으킵니다. 특히 테슬라의 CEO인 일론 머스크와 유명 인플루언서인 킴 카사디안이 위고비로 체중 감량에 성공한 것이 알려지면서 대중으로부터 큰 관심을 받게 됩니다. 위고비도 삭센다처럼 GLP-1 유사체이므로 당뇨병에서도 효과를 발휘합니다. 그래서 당뇨병 시장에서는 오젬픽(Ozempic, 세마글루타이드)이라는 이름으로 판매되고 있습니다.

2023년에는 한 단계 더 진화한 비만 치료제가 등장합니다. 바로 일라이 릴리에서 출시한 젭바운드(Zepbound, 티르제파타이드)입니다. 삭센다와 위

---

* 당뇨 치료제로 판매할 때는 빅토자라는 상품명을, 비만 치료제로 판매할 때는 삭센다라는 상품명을 사용합니다.
** GLP-1 유사체인 세마글루타이드는 44개의 아미노산으로 이루어진 합성 펩타이드로 인간의 GLP-1 아미노산 서열과 94% 유사합니다.

고비는 GLP-1의 효과를 목표로 하는 단일 작용제입니다. 반면, 젭바운드는 GLP-1과 GIP의 효과를 동시에 목표로 하는 이중 작용제로 두 가지 호르몬을 공략하므로 효과가 더 좋습니다. 그 덕분에 출시와 동시에 비만 치료제 시장 1위 의약품으로 자리매김합니다. 현재 젭바운드는 당뇨병 시장에서 마운자로 (Mounjaro, 티르제파타이드)라는 이름으로 판매되고 있습니다.

비만

비만의 이해

1. 비만과 합병증

세계보건기구(World Health Organization, WHO)는 비만을 체내에 과도한 지방이 축적되어 건강에 부정적인 영향을 미치는 상태로 정의하고 있습니다. 비만을 측정하는 도구로는 체질량지수(Body Mass Index, BMI)*가 쓰이는

---

* 체중(kg)을 키(m)의 제곱으로 나눈 값입니다.

데 서구권에서는 BMI 30 이상, 아시아권에서는 BMI 25 이상부터 비만으로
분류합니다.

단계	BMI 범위(kg/m²)
저체중	< 18.5
정상 체중	18.5 - 24.9
과체중	25 - 29.9
비만 1단계(중등도 비만)	30 - 34.9
비만 2단계(중증 비만)	35 - 39.9
비만 3단계(고도 비만)	≥ 40

| 표 5-1. BMI 지수에 따른 비만 분류 |

　　비만은 만병의 근원이라는 말처럼, 그 자체로는 문제가 되지 않지만, 여
러 합병증을 유발합니다. 고혈압과 심장병, 뇌졸중과 같은 심혈관 질환부
터 제2형 당뇨, 지방간, 담석증, 암, 수면 무호흡에 이르기까지 20개 이상의
질병과 밀접하게 관련되어 있죠. 비만 환자 중에서 약 40%가 심혈관 질환,
20~30%가 제2형 당뇨, 50%가 수면 무호흡증, 20%가 비알콜성 지방간염[*]을
앓고 있습니다.

　　이런 이유로 2013년에 미국의학협회(American Medical Association, AMA)

---

[*]　2023년에 명칭이 비알콜성 지방간염(NASH)에서 대사이상 관련 지방간염(MASH)으로 변경되었습
니다. 기존 명칭이 익숙한 분들을 위해 책에서는 두 명칭을 모두 사용하였습니다.

는 비만을 치료해야 할 질병으로 규정하였고, 2021년, 유럽연합 집행위원회 (European Commission, EC) 역시 비만을 만성 질환으로 공식 규정했습니다. 2023년에는 미국에서 TROA(Treat and Reduce Obesity Act) 법안이 통과되면서 건강 프로그램인 메디케어(파트D*)에서 제공하는 비만 치료제 보험의 적용 범위가 확대되었습니다. 이는 전 세계가 비만을 생활 습관 문제로 보지 않고, 적극적인 의료 개입이 필요한 질병으로 보고 있음을 의미합니다.

2. 시장 규모와 현황

비만은 아시아보다는 서구권의 비중이 압도적으로 높습니다. 2023년 기준으로 미국은 인구 10명 중에서 7명(74%)이 과체중, 4명(42%)이 비만입니다. 비만 인구만 1억 명이 넘고, 이 숫자는 매년 증가하고 있습니다. 유럽은 인

국가	과체중(%)	비만(%)
미국	74.6	42.7
영국	64.0	26.2
독일	56.0	19.0
호주	66.0	31.3
한국	33.7	5.5
일본	25.4	4.3
중국	26.7	6.2

| 표 5-2. 국가별 과체중과 비만 비중 |

* 미국의 메디케어는 여러 파트로 구성되어 있는데, 그중에서 파트D는 처방약 비용을 커버합니다.

구 10명 중에서 5명(53%)이 과체중, 2명(23%)이 비만인 것으로 알려져 있습니다. 반면, 아시아는 서구권보다 과체중과 비만 인구가 현저히 적지만, 서구화된 식습관과 라이프 스타일로 인해 그 수가 늘어나고 있습니다.

이렇게 비만 인구가 늘어나면서 비만 치료제 시장 역시 가파르게 성장하고 있습니다. 비만은 다른 질병과 달리 타깃층이 훨씬 넓습니다. 예를 들어, 항암제 치료제는 암에 걸린 사람에게만 필요하지만, 비만 치료제는 환자가 아닌 사람들도 미용과 다이어트 등 다양한 목적으로 찾습니다. 이런 이유로 비만 치료제 시장은 앞으로도 계속 커질 것으로 전망되고 있습니다.

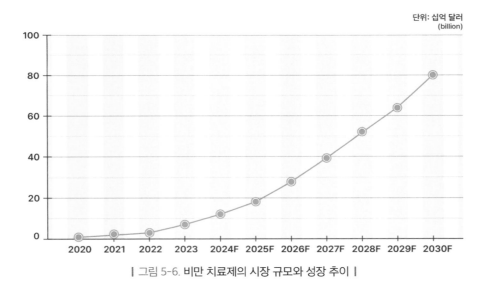

단위: 십억 달러
(billion)

| 그림 5-6. 비만 치료제의 시장 규모와 성장 추이 |

대표 기업과 적응증의 확장

1. 대표 기업과 경쟁 상황

대표적인 비만 치료제로는 노보 노디스크의 삭센다와 위고비, 일라이 릴리의 젭바운드가 있습니다. 앞서 설명한 것처럼 위고비는 효능과 편의성을 앞세워 삭센다를 넘어섰고, 젭바운드는 효능 개선으로 비만 치료제 시장 1위 의약품으로 등극했습니다. 이는 곧 효능과 편의성을 개선할 수 있다면 후발주자에게도 기회가 있다는 것을 의미합니다.

바이킹 테라퓨틱스(Viking Therapeutics)는 GLP-1과 GIP를 타깃으로 하는 이중 작용제를 개발 중인데, 임상 2상에서 기존 비만 치료제보다 우수한 데이터를 발표해 화제가 되었습니다. 암젠은 월 1회 투여하는 GLP-1과 GIP 이중 작용제를 개발하고 있습니다. 임상 1상에서 우수한 데이터를 발표한 바 있으며, 2024년 말에 임상 2상 최종 데이터가 발표될 예정입니다. 2030년까지 30억 달러(약 3조 9천억 원)의 매출액이 예상되며, 비만 치료제 시장의 3인자가 될 것이라는 평가를 받고 있습니다. 로슈는 한 발 더 나아가 식사 시간과 관계없이 경구로 투여할 수 있는 비만 치료제를 개발하고 있습니다. 주사가 아닌 먹는 방식으로 편의성이 매우 뛰어나 다른 비만 치료제를 복용하던 사람들이 체중 유지용이나 기존 치료제와의 병용 투여로 선택할 가능성이 높습니다. 다만, 최근에 효능이 다소 떨어지는 데이터를 발표하면서 기대감이 소폭 하락한 상황입니다.

비만 치료제와 관련하여 소개해 드릴 국내 기업으로는 한미약품과 펩트론이 있습니다. 한미약품은 지속형 주사제 기술인 랩스커버리를 이용해 주 1회 투여를 목표로 하는 비만 치료제를 개발하고 있습니다. 펩트론은 약물이 체내에서 서서히 방출되게 하는 지속형 약물 전달 기술, 스마트데포 (SmartDepot)를 보유하고 있습니다. 이 기술은 투여 횟수를 줄이는 데 활용될 수 있습니다.

2. 적응증 확장

최근 GLP-1이 당뇨병과 비만을 넘어 다양한 질병에 효과를 보이면서 당뇨병·비만 치료제의 적응증이 빠르게 확장되고 있습니다.

노보 노디스크는 당뇨 치료제 오젬픽과 비만 치료제 위고비의 주요 성분인 세마글루타이드를 기반으로 한 GLP-1 유사체를 개발해 심부전 및 만성 콩팥병 임상 3상을 완료한 후, 적응증 확장 승인을 기다리고 있습니다. 또한 말초동맥 질환과 알츠하이머, 비알콜성 지방간염은 임상 3상을 진행하고 있습니다.

일라이 릴리는 당뇨 치료제 마운자로와 비만 치료제 젭바운드의 주요 성분인 티르제파타이드를 기반으로 수면 무호흡증, 심혈관 질환, 심부전 임상 3상을 진행하고 있으며, 비알콜성 지방간염은 임상 2상을 진행하고 있습니다. 이미 노보 노디스크를 통해 GLP-1 유사체의 효능을 확인한 바 있어, 적응증을 확장할 가능성이 높다고 할 수 있습니다.

중요한 건, 당뇨·비만 치료제 기업들이 적응증을 확장 중인 비알콜성 지방간염, 알츠하이머, 심혈관 질환은 시장 규모가 엄청나게 크다는 점입니다. 보통 최초의 치료제가 나온 이후 시장이 급격하게 커지는 경향이 있는데, 2024년 3월에 마드리갈 파마슈티컬스(Madrigal Pharmaceuticals)에서 비알콜성 지방간염 치료제 레스메티롬(Resmetirom)[*]을 승인받은 바 있어, 비알콜성 지방간염 시장의 급격한 성장이 예상되고 있습니다.

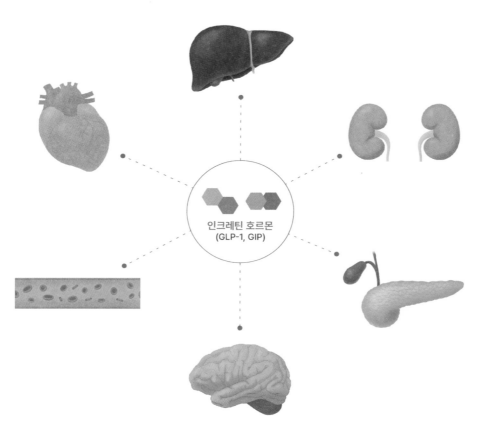

| 그림 5-7. 당뇨·비만 치료제의 적응증 확장 |

---

* 일반명입니다.

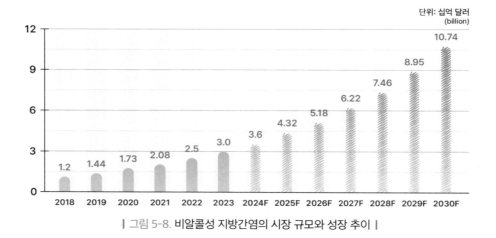

단위: 십억 달러
(billion)

| 그림 5-8. 비알콜성 지방간염의 시장 규모와 성장 추이 |

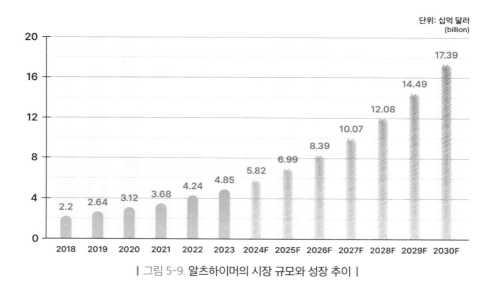

단위: 십억 달러
(billion)

| 그림 5-9. 알츠하이머의 시장 규모와 성장 추이 |

　　앞서 공부한 흑색종 항암제인 키트루다는 적응증을 빠르게 확장하며 글로벌 매출 1위 의약품으로 등극했습니다. 당뇨·비만 치료제도 적응증 확장을 통해 이러한 모습을 보여줄 수 있을지 많은 관심이 쏠리고 있습니다.

진짜 하루만에 이해하는 제약·바이오 산업

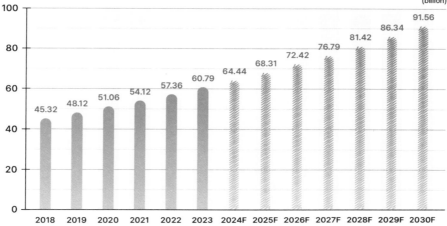

단위: 십억 달러
(billion)

2018	2019	2020	2021	2022	2023	2024F	2025F	2026F	2027F	2028F	2029F	2030F
45.32	48.12	51.06	54.12	57.36	60.79	64.44	68.31	72.42	76.79	81.42	86.34	91.56

| 그림 5-10. 심혈관 질환의 시장 규모와 성장 추이 |

1. 당뇨병

당뇨병의 이해

혈액 속에 포도당이 쌓이면 혈당이 비정상적으로 올라갑니다. 이렇게 혈당이 비정상적으로 높은(지속적으로 올라가는) 상태를 당뇨병이라고 합니다. 당뇨병에는 제1형 당뇨와 제2형 당뇨가 있는데, 전체 환자의 90~95%가 제2형 당뇨입니다. 당뇨병은 그 자체로는 심각한 질병이 아니지만, 심혈관 질환을 비롯한 여러 합병증을 유발한다는 점에서 많은 주의가 필요합니다.

인슐린 분비 메커니즘

인크레틴(Incretin)은 소장에서 분비되는 호르몬으로, 식사 후 혈당을 낮추는 데 중요한 역할을 합니다. 대표적으로 GLP-1과 GIP가 있으며, 췌장의 베타 세포 수용체와 결합해 인슐린의 분비를 촉진합니다.

그러나 아쉽게도 인크레틴 호르몬은 DPP-4 효소에 의해 금방 분해됩니

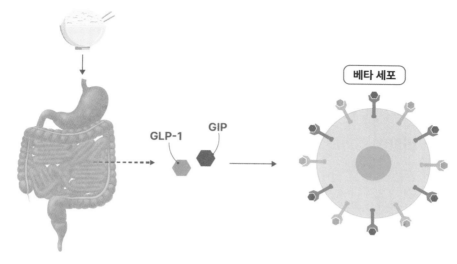

| 그림 5-11. 인슐린의 분비를 촉진하는 인크레틴 호르몬 |

다. 당뇨병 환자의 GLP-1과 GIP의 지속 시간을 늘려주면 인슐린의 분비가 더욱 촉진되어 많은 도움이 되겠죠? 그래서 GLP-1과 유사한 역할을 하면서도 DPP-4 효소에 의해 금방 분해되지 않는 물질을 만들어냅니다. 이러한 물질을 GLP-1 유사체라고 합니다. 2010년, 노보 노디스크는 GLP-1 유사체인 리라글루타이드를 이용해 당뇨병 치료제를 개발합니다. 바로 빅토자입니다.

빅토자는 기존 당뇨병 치료제와 병용 투여하는 방식으로 사용되었는데, 놀랍게도 빅토자를 복용한 환자들의 체중이 감소하기 시작합니다. 이에 착안해 노보 노디스크는 2014년에 빅토자의 적응증을 당뇨병에서 비만으로 확장합니다. 이렇게 탄생한 비만 치료제가 바로 삭센다입니다.

2021년, 노보 노디스크는 매일 피하지방 주사를 맞아야 하는 삭센다의 단점을 개선한 비만 치료제인 위고비를 출시합니다. 일주일에 한 번만 피하지방 주사를 맞으면 되는 위고비는 곧 비만 치료제 시장을 석권하죠. 그리고 2023년, 일라이 릴리가 GLP-1과 GIP의 이중 작용제인 젭바운드를 출시하면서 비만 치료제 시장의 경쟁이 치열해지고 있습니다.

2. 비만

비만은 만병의 근원이라는 말처럼, 그 자체로는 큰 문제가 되지 않지만, 여러 합병증을 유발합니다. 아시아보다는 서구권의 비중이 압도적으로 높으며, 비만 인구가 지속적으로 늘어나면서 비만 치료제 시장이 가파르게 성장하고 있습니다.

대표 기업은 현재 비만 치료제 시장에서 큰 매출을 올리고 있는 노보 노디스크와 일라이 릴리입니다. 이 외에 바이킹 테라퓨틱스, 암젠, 로슈 등이 효능과 편의성 개선을 앞세워 임상시험을 진행하고 있습니다. 국내에서는 한미약품이 비만 치료제를 개발하고 있고, 펩트론은 약물이 체내에서 서서히 방출되어 투여 횟수를 줄일 수 있는 기술을 보유하고 있습니다.

비만 치료제가 큰 관심을 받는 이유는 적응증이 다른 질병으로 빠르게 확장되고 있기 때문입니다. 노보 노디스크는 세마글루타이드를 기반으로 심부전 및 만성 콩팥병 임상 3상을 완료했고, 현재 적응증 확장 승인을 기다리고 있습니다. 또한, 말초 동맥 질환과 알츠하이머, 비알콜성 지방간염은 임상 3상을 진행하고 있죠. 일라이 릴리 역시 티르제파타이드를 기반으로 수면 무호흡증, 심혈관 질환, 심부전 임상 3상을, 비알콜성 지방간염은 임상 2상을 진행하고 있습니다.

1. 혈당 측정 기기 시장

당뇨병 환자는 항상 자신의 혈당 수치를 정확하게 알고 있어야 합니다. 그래야 적절한 때에 인슐린을 투여할 수 있고, 음식도 조절할 수 있기 때문입니다. 이런 이유로 혈당을 측정할 수 있는 의료 기기가 필요합니다.

현재까지 주로 사용되는 기기는 자가 혈당 측정기(Blood Glucose Monitoring, BGM)입니다. 작은 바늘로 손가락 끝을 찔러 혈액을 채취해 혈당을 측정하는 방식입니다. 정확도가 높지만 하루에 두세 차례 채혈을 해야 하고, 특정 시점에만 혈당을 체크할 수 있다는 단점이 있습니다. 이러한 단점을 보완한 것이 바로 연속 혈당 측정기(Continuous Glucose Monitoring, CGM)입니다. 피부 아래 작은 센서를 삽입해 혈당 수치를 연속적으로 확인하는 방식입니다. 몇 분 간격으로 혈당이 체크되므로 전반적인 혈당 추이를 알 수 있고, 음식에 따른 혈당 스파이크나 운동 전후의 혈당 변화 등을 체크할 수 있어 혈당을 체계적으로 관리할 수 있습니다. 단, 비용이 비싼 편인데 최근 미국, 프랑스, 캐나다

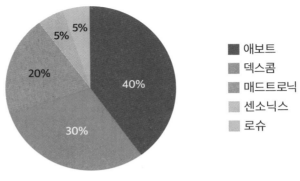

| 그림 5-12. CGM 시장 점유율 |

등의 국가에서 CGM에 대한 보험 적용을 확대하고 있어 시장이 더욱 커질 것으로 예상됩니다.

CGM을 생산하는 대표 기업은 덱스콤(Dexcom), 애보트(Abbott), 메드트로닉(Medtronic)입니다. 국내에서는 아이센스가 혈당 측정기와 부품을 만듭니다.

혈당 측정 기기로 수치를 확인한 후에 혈당이 올라가면, 인슐린을 투여해야 합니다. 먹는 약의 효과가 없는 사람들은 주사(혹은 펜)를 통해 투여해야 하는데, 스스로 주사를 놓는 것이 쉬운 일은 아닙니다. 이런 불편을 없애 주는 제품이 웨어러블 인슐린 펌프(#인공 췌장)입니다.

웨어러블 인슐린 펌프는 몸에 착용하는 장치로 CGM, 인슐린 펌프, 알고리즘 소프트웨어로 이루어져 있습니다. 실시간으로 환자의 상태를 모니터링하면서 필요할 때 자동으로 인슐린을 투여해주어 매우 편리하지만, 가격이 천만 원이 넘고 소모품을 지속적으로 구매해야 하므로 아직 사용자가 많지는 않습니다. 관련 기업으로는 매드트로닉과 인슐렛(Insulet)이 있습니다.

2. 지금까지 공부한 여러 종류의 질병은 모두 시장 규모가 큽니다. 시장 규모가 크지 않은 질병에도 제약·바이오 기업이 관심을 갖나요?

환자의 숫자가 적으면서 동시에 적절한 치료법과 의약품이 개발되지 않은 질환을 희귀질환이라고 합니다.* 전 세계에 보고된 희귀질환은 8,000개가 넘고, 우리나라도 1,000여 개의 질환을 희귀질환으로 지정하고 있습니다. 신약 개발에는 천문학적인 비용이 들기 때문에 기업 입장에서는 환자가 적은 희귀질환 치료제를 개발하는 것이 부담이 될 수밖에 없습니다. 그런데 최근 들어 글로벌 제약·바이오 기업들이 희귀질환 치료제 시장에 꽤나 적극적으로 뛰어들고 있습니다. 왜 그럴까요?

글로벌 희귀질환 치료제의 시장 규모는 2020년에 1,380억 달러(약 180조 원)에서 2026년에 2,680억 달러(약 348조 원)로 두 배 가까이 성장할 것으로 전망되고 있습니다. 시장은 빠르게 성장하는데 경쟁자는 적은 상황입니다.

또, 정부의 파격적인 지원도 빼놓을 수 없는 요인입니다. 미국과 유럽 등 주요 선진국들은 희귀의약품 개발을 독려하기 위해 희귀의약품 지정제도(Orphan Drug Designation, ODD)를 운영하고 있습니다. 희귀의약품으로 지정되면, 임상시험을 좀 더 빠르게 진행할 수 있고, 임상 보조금도 지원받을 수 있습니다. 또, 개발 후에는 독점 판매 기간을 연장해주고, 각종 세제 혜택도 부

---

* 국가별로 희귀질환을 정의하는 기준이 조금씩 다릅니다.

여하죠. 이 외에도 여러 지원을 아끼지 않습니다. 참고로 우리나라도 2017년부터 희귀질환관리법이 시행되어 선진국과 비슷한 혜택을 주고 있습니다.

마지막으로 희귀질환 치료제는 고가에 판매할 수 있습니다. 엄청난 개발비용에 비해 환자가 너무 적기 때문에 약값을 비싸게 책정해도 보험사에서 등재해주는 경우가 많습니다.

정리하면, 희귀질환 치료제는 임상시험 단계에서 환자를 구하기가 어렵고, 블록버스터 신약처럼 폭발적인 매출을 기대할 수는 없지만, 개발 비용이 덜 들어가고, 독점 판매와 고가 판매로 오랫동안 매출을 안정적으로 유지할 수 있는 매력적인 아이템입니다. 2021년에 FDA의 승인을 받은 신약 중에서 절반이 희귀질환 치료제였으며, 향후 희귀질환 치료제의 매출액은 계속 커질 것으로 전망되고 있습니다.

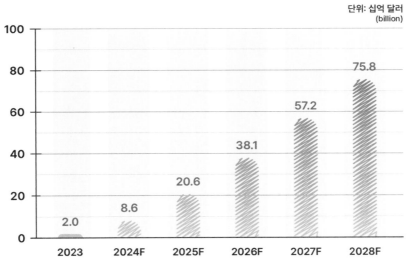

| 그림 5-13. 전 세계 희귀질환 치료제 매출액 추이(전망치) |

3. 제약·바이오 관련 기사를 읽다 보면 '모달리티', '바이오마커'와 같은 용어가 나옵니다. 무슨 뜻인가요?

- **모달리티:** 질병을 치료하는 메커니즘을 총칭하는 개념입니다. 즉, 의약품의 기전 및 기술을 뜻합니다. 책에서 배운 저분자 화합물, 항체 의약품, 세포치료제, 유전자치료제, 백신 등이 모두 하나의 모달리티입니다.
- **바이오마커:** 체내의 반응을 객관적으로 측정·평가할 수 있는 지표입니다. 유전자, 단백질, 대사산물 등이 활용되며 이를 통해 질병의 진단과 진행 상태를 평가할 수 있습니다. 당뇨병이라면 혈당 수치가, 유방암이라면 HER2가 바이오마커로 사용될 수 있습니다.

합성의약품과
바이오의약품

의약품은 크게 합성의약품과 바이오의약품으로 나뉩니다. 이번

장에서는 의약품을 분류하고 각 의약품의 특징을 공부합니다.

약의 분류

제약과 바이오

제약 산업과 바이오 산업은 어떻게 다를까요? 통상적으로 제약은 약을 만들어서 판매하는 업을 말합니다. 전통적인 제약 기업들은 해외 기업으로부터 신약의 라이선스를 받아서 국내에서 제조·유통·판매하는 일을 합니다. 연구·개발비가 들어가지 않고, 판매로 인한 매출을 바로 올릴 수 있어 이익을 꾸준히 낼 수 있습니다. 반면 바이오는 신약, 더 나아가 신약을 만들기 위한 기술을 개발하는 업을 말합니다. 신약 개발과 기술 개발에 엄청난 비용을 투자

하는 바이오 기업들은 매년 막대한 적자를 냅니다. 하지만 기술 개발에 성공하여 기술을 더 큰 기업에 이전하거나 기술을 바탕으로 신약을 개발하면 천문학적인 수익을 얻을 수 있습니다.

요즘에는 제약 기업들도 신약과 기술 개발에 적극적으로 뛰어들고 있어서 제약 산업과 바이오 산업의 경계가 모호해졌습니다. 그래서 제약 산업과 바이오 산업을 따로 구분하지 않고 하나의 산업으로 묶어서 이야기하는 경우가 많습니다.

의약품의 분류

그림 6-1을 보면서 의약품을 분류해보겠습니다. 의약품은 크게 원료의약품과 완제의약품으로 나뉩니다. 완제의약품은 소비자(환자)가 바로 이용(투여)할 수 있도록 일정한 제형으로 만든 약을 말합니다. 원료의약품은 완제의약품을 만들 때 사용하는 원료로 의약품의 주성분을 말합니다. 원료의약품을 다른 말로 API(Active pharmaceutical ingredient)라고도 합니다. 약국에서 구입하는 해열·진통제인 타이레놀은 완제의약품, 타이레놀의 주성분인 아세트아미노펜은 원료의약품이라고 이해하면 쉽습니다.

완제의약품은 의사의 처방 없이 구매할 수 있는 일반의약품(OTC)과 의사의 처방이 필요한 전문의약품(ETC)으로 나뉩니다. 일반의약품은 종합 감기약, 해열제처럼 약국이나 편의점에서 바로 구입할 수 있는 약을 말하고, 전문의약품은 병원 진료 후, 의사가 처방해주는 약을 말합니다. 일반의약품은 마

| 그림 6-1. 의약품의 분류 |

케팅에 비용이 많이 들고, 마진율이 전문의약품보다 낮습니다. 반면, 전문의약품은 연구·개발에 비용이 들지만, 마케팅비가 덜 들어가고 마진율이 높다는 특징을 지닙니다. 우리가 책에서 공부하는 약들이 바로 전문의약품입니다.

전문의약품은 합성의약품과 바이오의약품으로 나뉩니다. 오늘날과 같은 의약품이 없던 시절에 사람들은 진통이 있거나 열이 날 때 버드나무 껍질을 씹었습니다. 버드나무 껍질에는 살리실산(Salicylic acid)이라는 성분이 들어 있는데, 이 성분이 진통과 해열 작용을 했기 때문이죠. 하지만 버드나무 껍질에는 심한 복통을 유발하는 성분도 함께 들어 있어서 섣불리 사용하기가 어려웠습니다. 그러다 1897년, 독일의 화학자인 펠릭스 호프만(Felix Hoffmann)이 살리실산을 화학적으로 합성하는 데 성공합니다. 이렇게 탄생한 의약품이 지금도 꾸준히 판매되고 있는 아스피린(Aspirin)입니다. 아스피린처럼 분자량이 적은 물질을 화학적으로 합성해 만든 의약품을 합성의약품이라고 합니다. 오래전부터 사용해오던 전통적인 의약품(ex. 저분자 화합물)이 대부분 합성의약품에 해당합니다. 반면, 바이오의약품은 생물체에서 유래된 물질(ex. 단백질, 세포 등)을 바탕으로 만든 의약품을 말합니다. 생물체에서 유래된 물질은 분자량이 크고 구조가 복잡해 화학적으로 합성하기가 어렵습니다. 그래서 바이오의약품은 유전자 재조합, 세포 배양 등 생명공학 기술을 활용해 만듭니다.

합성의약품은 신약, 복제약(제네릭), 개량신약으로 나뉩니다. 신약은 연구·개발을 통해 처음으로 만들어진 약으로, 오리지널 의약품이라고도 부릅니다. 막대한 시간과 비용이 들어가는 신약 개발은 제약·바이오 산업의 존재 이유이자 꽃이라고 할 수 있습니다. 리스크가 큰 만큼 신약이 출시되면 일정 기간 특허로 독점 판매를 보장해줍니다. 덕분에 신약을 개발한 기업은 이 기간에 엄청난 수익을 올릴 수 있습니다.

독점 판매 기간이 끝나면 경쟁 기업들이 동일한 효능을 지닌 다른 약을 출시합니다. 이 약을 복제약 또는 제네릭이라고 부릅니다. 이미 특허가 풀린만큼 연구·개발 비용은 덜 들지만, 그만큼 경쟁도 치열해 신약 개발처럼 높은 수익을 얻지는 못합니다. 개량신약은 신약의 화학 구조를 변형해 신약을 좀더 개량한 약입니다. 개량한 부분을 특허로 보호받을 수 있지만, 그 범위가 굉장히 제한적이며, 추가 임상시험이 필요해 시간과 비용이 많이 듭니다. 개량에 성공해도 복제약과 경쟁해야 하므로 수익성이 높지 않습니다.

바이오의약품은 바이오신약, 바이오시밀러, 바이오베터로 나뉩니다. 바이

| 그림 6-2. 신약의 독점 판매 기간과 경쟁 제품의 등장 |

오신약은 생물체에서 유래된 물질을 이용해 처음으로 만들어진 약으로, 오리지널 의약품이라고도 부릅니다. 바이오신약 역시 특허권으로 보호를 받기 때문에 개발에 성공한 기업은 막대한 수익을 얻을 수 있습니다.

　바이오신약의 특허가 만료되면 경쟁 기업들이 동등한 효과를 지닌 다른 약을 출시합니다. 이 약을 바이오시밀러라고 합니다. 그런데 왜 유사하다는 의미의 시밀러(similar)라는 용어를 쓰는 걸까요? 생물체 유래 물질의 구조는 매우 복잡합니다. 배양 조건 등 미세한 변화에도 구조가 달라질 수 있죠. 100% 동일하게 만들 수 없으므로 유사한 구조로 동등한 효능과 안전성을 입증합니다. 그래서 바이오 복제약(제네릭)이 아닌 바이오시밀러라는 용어를 사용합니다. 바이오베터는 바이오신약을 개선한 약을 말합니다. 효능과 안전성 측면에서 바이오신약 대비 우월성을 입증해야 하며, 성공하면 특허로 보호* 를 받습니다. 바이오신약을 개선하는 일은 기술적인 난도가 매우 높기 때문

---

*　개량신약보다 더 넓은 범위의 특허가 가능합니다.

에 사실상 신약으로 인정받습니다. 앞에서 공부한 정맥 주사(IV) 제형의 항암제를 피하지방 주사(SC) 제형으로 업그레이드한 사례가 바로 바이오베터에 해당합니다.

진짜 하루만에 이해하는 제약·바이오 산업

합성의약품과
바이오의약품

합성의약품과 바이오의약품의 특징

분자의 크기가 작은 합성의약품은 경구용으로 만들 수 있어 투약의 편의성이 높습니다. 또, 구조 분석이 용이해 복제약을 대량으로 생산할 수 있죠. 원인이 명확하게 밝혀진 질병이라면 원인 물질을 표적으로 하여 큰 치료 효과를 기대할 수 있습니다. 다만, 개인 맞춤형 치료가 어렵고, 상대적으로 부작용이 심하다는 단점이 있습니다. 아스피린, 타이레놀과 같은 일반의약품과 전문의약품 중 앞에서 배운 표적 항암제가 대표적인 합성의약품입니다.

바이오의약품은 대부분 단백질로 만듭니다. 단백질은 위에서 소화효소에 의해 분해되므로 경구용을 제작하기가 어렵습니다. 그래서 보통 주사 제형(IV, IM. SC)으로 만듭니다. 약효가 뛰어나고 특히 만성 질환에 큰 효과를 보이며, 생명체에서 유래된 물질이 원료이므로 부작용이 상대적으로 적습니다. 다만, 면역 시스템이 이 물질을 적으로 인식하면 면역 반응이 일어날 수 있습니다. 항체 의약품과 세포치료제, 백신 등이 바이오의약품에 해당합니다.

바이오의약품의 원료는 세포처럼 살아 있는 물질입니다. 온도나 빛과 같은 외부 환경이 조금만 달라져도 세포의 상태가 변할 수 있죠. 그래서 바이오의약품을 생산할 때는 작은 조건 하나까지 완벽하게 컨트롤해야 합니다. 대량생산이 어렵고, 생산 공정 자체가 경쟁력이 될 수 있는 이유입니다.[*]

	합성의약품	바이오의약품
원료	소분자(저분자) 물질로 구조 분석이 쉬움	생명체에서 유래된 고분자 물질로 구조 분석이 어려움
기술	합성 화학 기술	생명공학 기술
제조	복제와 대량 생산이 쉬움	복제와 대량 생산이 어려움
투여 방법	경구용	주사 제형(IV, IM, SC)
효과	증상의 개선. 단, 원인이 명확하면 특정 물질을 타깃으로 하여 큰 치료 효과를 기대할 수 있음.	근본 원인의 치료, 합성의약품보다 더 세분화된 원인을 치료하는 데 중점을 둠
부작용	바이오의약품보다 큼	비교적 안전함. 단, 생물체 유래 원료이므로 면역 반응을 일으킬 수 있음

[*]   생산 공정이 변경되면, 규제 기관에서 효능과 안전성을 다시 입증하라고 요구할 수 있습니다.

분류	일반 의약품, 표적 항암제	항체 의약품, 세포치료제, 백신
유통 기간	대부분 OO~36개월	유통 기간이 짧고 취급하기가 까다로움 세포치료제의 경우 3일 이내, mRNA 백신은 초저온 상태에서 보관 및 운송(콜드 체인 유통 필수)

┃ 표 6-1. 합성의약품과 바이오의약품의 비교 ┃

시장 규모

　10년 전만 해도 합성의약품의 비중이 훨씬 더 높았습니다. 그러나 그림 6-3에서 볼 수 있듯이 생명공학 기술이 빠르게 발달하면서 바이오의약품의 비중이 계속 커지고 있습니다.

　FDA 승인을 기준으로 보면, 합성의약품의 숫자가 바이오의약품보다 약

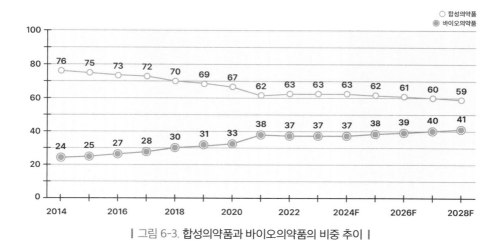

┃ 그림 6-3. 합성의약품과 바이오의약품의 비중 추이 ┃

4배 더 많습니다. 그러나 아래 표에서 볼 수 있듯이 매출액 TOP 10 의약품만 놓고 보면, 바이오의약품이 더 많습니다.* 이는 합성의약품보다 바이오의약품의 가격이 압도적으로 높으며, 그럼에도 불구하고 잘 팔린다는 것을 의미합니다.

그렇다고 합성의약품에 대한 관심이 계속 떨어지기만 하는 것은 아닙니다. 지금도 블록버스터 합성의약품이 지속적으로 나오고 있으며, 비소세포폐암 치료제인 타그리소를 비롯해 다양한 표적 항암제가 등장하면서 합성의약

단위: 십억 달러
(billion)

순위	제품명	기업	매출액	분류
1	키트루다	머크	25.0	바이오의약품
2	코미나티	화이자	15.3	바이오의약품
3	휴미라	애브비	14.4	바이오의약품
4	오젬픽	노보 노디스크	13.9	바이오의약품
5	아일리아	리제네론	12.9	바이오의약품
6	엘리퀴스	BMS	12.2	합성의약품
7	빅타비	길리어드	11.9	합성의약품
8	듀피젠트	사노피	11.6	바이오의약품
9	스텔라라	존슨앤존슨	10.9	바이오의약품
10	다잘렉스/다잘렉스 파스프로	존슨앤존슨	9.7	바이오의약품

┃ 표 6-2. 2023년 기준, 글로벌 의약품 판매 TOP 10 ┃

---

* TOP 100을 기준으로 하면, 합성의약품이 52개, 바이오의약품이 48개입니다.

품 시장에 대한 기대 역시 커지고 있습니다.

<h1 style="text-align:center">대표 기업</h1>

1. 합성신약

신약을 개발하는 데는 막대한 시간과 비용이 들어갑니다. 그래서 신약 개발은 주로 자본력이 뒷받침되는 글로벌 제약·바이오 기업들이 합니다. 합성신약과 관련해서 소개해 드릴 국내 기업으로는 SK바이오팜과 유한양행이 있습니다.

SK바이오팜은 국내 최초로 신약의 개발부터 판매까지의 전 과정을 자체적으로 진행하는 데 성공했습니다. 신약은 개발하는 것도 어렵지만, 개발한다 해도 글로벌 유통망이 없으면 판매하기가 쉽지 않습니다. 그래서 보통 해외 파트너사를 통해 판매를 진행하죠. 그러나 SK바이오팜은 뇌전증 신약인 엑스코프리(Xcopri, 세노바메이트) 개발에 성공한 후, 해외 파트너사를 통하지 않고 미국에 직접 유통망을 구축하여 판매하고 있습니다. 덕분에 마진율이 무려 90%에 달합니다.

뇌전증의 시장 규모는 2023년 기준으로 70억 달러(약 9.1조 원) 규모인데 2032년에는 94.5억 달러(약 12.2조 원) 규모로 성장할 것으로 전망됩니다. 엑스코프리는 2024년에 처음으로 분기 매출 천억 원을 돌파했으며, 앞으로도 시장 점유율을 꾸준히 높여 나갈 것으로 예상되고 있습니다. 다만, 뇌전증은 의사가 약을 잘 바꾸지 않는 편이라서 시장 점유율의 상승은 항암제보다는 다소 오래 걸릴 수 있습니다. 현재 미래 먹거리로 방사성 의약품과 뇌암 그리고 차세대 뇌전증 신약을 준비하고 있습니다.

유한양행은 국내 최초로 블록버스터 신약 출시를 앞두고 있습니다. 2015년, 국내 바이오 기업인 오스코텍이 비소세포폐암의 치료 물질인 레이저티닙을 개발해 유한양행으로 기술 이전을 합니다. 이후 유한양행은 이를 더 발달시켜 2021년에 국내에서 비소세포폐암 치료제인 렉라자(Leclaza, 레이저티닙)를 출시합니다.

2018년, 유한양행은 레이저티닙의 국내 판권을 제외한 글로벌 판권을 얀센에 넘깁니다. 그리고 2024년 8월에 얀센이 레이저티닙과 아미반타맙의 병용 요법으로 FDA의 승인을 받는 데 성공하면서 레이저티닙이 블록버스터 신약이 될 가능성이 높아졌습니다. 향후 판매 실적에 따라 얀센으로부터 매출액의 일정 비율을 로열티로 받을 것으로 예상됩니다.

2. 바이오시밀러

글로벌 대표 바이오시밀러 기업으로는 노바티스(Novartis)의 자회사인 산도즈(Sandoz)와 국내 바이오 기업인 셀트리온이 있습니다.

2012년, 셀트리온은 자가면역질환 치료제 레미케이드(Remicade, 인플릭시맙)의 바이오시밀러 제품인 램시마(Remisma, 인플릭시맙)로 유럽 EMA의 승인을 받습니다. 그리고 2013년에는 한국과 일본의 승인을, 2014년에는 미국 FDA의 승인을 받는 데 성공하죠. 세계 최초로 단일클론항체 바이오시밀러를 개발해 글로벌 출시에 성공한 것입니다.

당시 글로벌 제약·바이오 기업들은 바이오시밀러가 수익성이 낮을 것으로 판단해 적극적으로 뛰어들지 않았습니다. 덕분에 셀트리온은 레퍼런스를 빠르게 쌓으며 성장 기반을 마련할 수 있었죠. 이후 블록버스터 의약품의 특허 만료에 맞춰 바이오시밀러를 준비하며, 글로벌 바이오시밀러 기업으로 도약합니다.

질병	오리지널 의약품	셀트리온의 바이오시밀러
자가면역질환	레미케이드(Remicade, 인플릭시맙)	램시마(Remisma, 인플릭시맙)
비호지킨 림프종	리툭산(Rituxan, 리툭시맙)	트룩시마(Truxima, 리툭시맙)
유방암	허셉틴(Herceptin, 트라스트주맙)	허쥬마(Herzuma, 트라스트주맙)
자가면역질환	휴미라(Humira, 아달리무맙)	유플라이마(Yuflyma, 아달리무맙)

| 표 6-3. 셀트리온이 개발에 성공한 바이오시밀러 제품 |

2024년 기준, 셀트리온의 램시마IV는 분기 매출이 3천억 원대로 성장했으며, 램시마SC도 천억 원대의 매출을 안정적으로 올리고 있습니다. 램시마 하나만으로 분기에 4천억 원 이상을 벌고 있는 것입니다. 이 외에도 트룩시마, 허쥬마, 유플라이마 등이 전 세계 100여 개 나라에서 승인을 받으면서 매출을 이끌고 있습니다. 현재 면역 항암제인 키트루다, 황반변성 치료제인 아일리아(Eylea, 애플리버셉트) 등의 바이오시밀러 개발을 진행하고 있어 성장에 대한 기대감이 그 어느 때보다 커져 있는 상황입니다.

한국은 바이오시밀러 분야의 강자입니다. 셀트리온 외에도 삼성바이오로직스의 자회사인 삼성바이오에피스가 글로벌 경쟁력을 갖추고 있으며, 삼천당제약, 알테오젠 등도 바이오시밀러를 개발·생산하고 있습니다.

1. 약의 분류

제약은 약을 만들어서 판매하는 업을 말합니다. 반면 바이오는 신약, 더 나아가 신약을 만들기 위한 기술을 개발하는 업을 말합니다. 요즘에는 제약 기업들도 신약과 기술 개발에 적극적으로 뛰어들고 있어서 제약 산업과 바이오 산업을 따로 구분하지 않고 하나의 산업으로 묶어서 이야기합니다.

의약품은 아래와 같이 분류할 수 있습니다.

| 그림 6-4. 의약품의 분류 |

연구·개발을 통해 처음으로 만들어진 의약품을 신약, 오리지널 의약품이라고 합니다. 신약의 특허 만료 후에 나오는 경쟁 제품은 복제약(제네릭), 바이오시밀러입니다. 한편 오리지널 의약품을 개량한 것은 개량신약, 바이오베터라고 부릅니다.

2. 합성의약품과 바이오의약품

합성의약품은 경구용으로 만들 수 있고, 대량 생산하기가 쉽습니다. 반면 바이오의약품은 주사 제형으로 만들어야 하고, 대량 생산이 어렵습니다. 과거에는 합성의약품의 비중이 훨씬 높았지만, 최근 생명공학 기술의 발달로 바이오의약품의 비중이 계속 커지고 있습니다.

합성신약의 개발은 막강한 자본력을 갖춘 글로벌 제약·바이오 기업이 주로 합니다. 국내에서는 SK바이오팜이 합성신약의 개발부터 글로벌 유통까지 전 과정을 독자적으로 진행하는 데 성공하였으며, 오스코텍과 유한양행이 개발해 얀센에 기술 이전한 레이저티닙은 블록버스터 신약이 될 것으로 기대되고 있습니다.

1. 빅파마와 바이오텍

제약·바이오 산업을 공부하다 보면, 빅파마(Big Pharma), 바이오텍(Biotech) 같은 용어를 자주 접하게 됩니다. 빅파마는 Big Pharmaceutical companies의 약자로 막대한 자본력과 연구·개발 능력을 보유한 글로벌 규모의 대형 제약· 바이오 기업을 통칭합니다. 바이오텍은 Biotechnology companies의 약자로 신약 개발 및 기술 연구를 진행하는 바이오 기업을 말합니다. 보통 대기업보다 는 작지만 빠르게 성장하는 기업을 지칭할 때 사용합니다.

신약의 개발 과정과 생산 및 판매 (+건강보험)

신약을 개발하는 데는 막대한 시간과 비용이 들어갑니다. 이번

장에서는 신약의 개발부터 생산 및 판매까지의 전 과정을 자세

히 공부합니다.

신약의
개발 과정

의약품의 승인 과정은 매우 까다롭습니다. 약이 우리 몸에 미치는 영향이 워낙 큰 데다 부작용이 발생하면 돌이킬 수 없는 결과를 초래하기 때문입니다. 이런 이유로 하나의 약을 만들기 위해서는 수많은 단계를 거쳐야 합니다. 이 과정에서 10~15년의 시간과 수천억 원에서 수조 원의 비용이 들어가죠. 그림 7-1을 보면서 단계별로 자세히 알아보겠습니다.

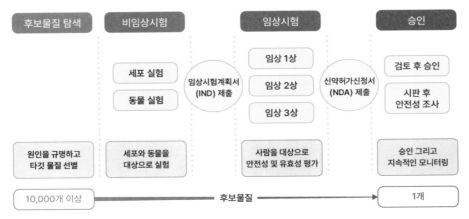

| 후보물질 탐색 | 비임상시험 | 임상시험 | 승인 |

	세포 실험	임상 1상	검토 후 승인
		임상시험계획서	임상 2상	신약허가신청서	시판 후
	동물 실험	(IND) 제출	임상 3상	(NDA) 제출	안전성 조사

| 원인을 규명하고 타깃 물질 선별 | 세포와 동물을 대상으로 실험 | 사람을 대상으로 안전성 및 유효성 평가 | 승인 그리고 지속적인 모니터링 |

10,000개 이상 ──────────── 후보물질 ────────────▶ 1개

| 그림 7-1. 신약의 개발 과정 |

후보물질 탐색

질병을 치료하기 위해서는 먼저 그 질병의 원인을 정확하게 규명해야 합니다. 같은 유방암이더라도 세포 표면에 있는 단백질인 HER2(인간 상피세포 성장 인자 수용체)의 과발현이 원인이 될 수 있고, 종양을 억제하는 유전자인 BRCA1이나 BRCA2에 돌연변이가 발생한 것이 원인이 될 수 있습니다. 병의 원인으로 작용하는 것을 표적이라고 하는데, 신약 개발의 첫 단계는 표적을 억제하거나 제거할 수 있는 물질을 찾는 데서 시작합니다.

신약을 개발하려는 기업들은 여러 물질의 특성을 정리한 데이터베이스를 자체적으로 보유하고 있습니다. 이 데이터베이스에는 자연에서 추출한 물질, 생물체에서 유래한 물질, 실험실에서 합성한 물질 등 약으로 작용할 수 있는 수천, 수억 개에 달하는 물질들의 정보가 담겨 있죠. 여기에서 약 1만 개의 후보물질을 선별합니다.

물론, 이 물질들이 모두 다음 단계로 넘어가는 것은 아닙니다. 후보물질이 표적에 무사히 도착할 수 있어야 하고, 효능을 발휘할 수 있는 적당한 농도가 되어야 하며, 효능을 발휘한 후에는 몸 밖으로 자연스럽게 배출되어야 합니다. 이를 위해 후보물질의 분자 모형을 다시 설계하는 등의 작업이 필요합니다. 또한, 인체에 해가 될 만한 독성은 없는지, 다른 약물과의 상호 작용은 어떠한지에 대한 연구도 진행합니다. 이러한 과정을 거치면서 약 1만 개였던 후보물질은 10개 이하로 줄어듭니다.

비임상(전임상)시험

후보물질을 찾은 다음에는 이 물질이 어떤 원리로 표적을 제거하는지, 즉 그 기전을 밝히고 입증해야 합니다. 다만, 처음부터 사람을 대상으로 시험하면 자칫 위험한 상황이 발생할 수 있으므로 그 전에 인간의 세포와 동물을 대상으로 테스트를 진행합니다. 이 단계가 바로 비임상시험입니다. 임상시험을 하기 전에 하는 시험이라 하여 전임상시험이라고도 부릅니다.

세포 실험은 인간의 세포로 안전성과 유효성을 테스트합니다. 예를 들어 폐암을 치료하는 물질이라면, 정상세포와 폐암세포를 배양해 두 집단으로 나눈 후, 한쪽에는 후보물질을 투여하고 다른 한쪽에는 아무런 조치를 하지 않은 다음, 정상세포가 얼마나 손상되었는지를 비교해 안전성을, 폐암세포의 성장이 얼마나 억제되었는지를 비교해 유효성을 평가합니다.

동물 실험은 동물에게 후보물질을 투여한 후, 체내에서 잘 흡수되는지, 약의 효능이 있는지, 몸 밖으로 잘 배출되는지 등을 테스트합니다. 실험용 동물로는 보통 쥐를 사용하는데, 쥐는 인간과 유전자가 약 80% 동일하고, 인간처럼 걸리는 질병이 다양한 데다(암, 고혈압, 당뇨, 우울증 등), 수명이 상대적으로 짧아서 결과물을 빨리 볼 수 있다는 장점이 있습니다. 물론 인간과 더 비슷한 고릴라와 같은 영장류를 사용하면 좋겠지만, 가격이 비싸고 윤리적인 문제*가 있어서 쥐를 선호합니다.

후보물질 탐색부터 비임상시험까지 진행하는 데 평균 6~7년이 걸립니다. 비임상시험이 끝나면 이제 세포와 동물 실험에서 얻은 데이터를 바탕으로 사람을 대상으로 하는 임상시험에 들어갑니다.

임상시험

사람을 대상으로 약물의 작용과 효과를 알아내는 시험을 임상시험(Clinical Trial/Study)이라고 합니다. 임상시험에서 가장 중요한 요소는 안전성과 유효

---

* 영장류는 인지 능력과 지각 능력이 뛰어나며 사회적 상호 작용을 합니다. 고통, 두려움, 스트레스 등의 감정을 더 강하게 느낄 수 있으므로 윤리적인 문제가 제기될 수 있습니다.

성입니다. 안전성은 약물이 얼마나 안전한지를, 유효성은 약물이 얼마나 효과가 있는지를 판단하는 척도입니다.

사람을 대상으로 하는 임상시험은 규제 기관의 허가를 받아야 합니다. 우리나라에서는 식품의약품안전처(식약처), 미국에서는 식품의약국(Food and Drug Administration, FDA), 유럽에서는 유럽 의약품청(European Medicine Agency, EMA)이 신약 개발 및 승인 관련 업무를 담당합니다. 비임상시험에서 얻은 데이터를 바탕으로 규제 기관에 임상시험계획서(Investigational New Drug, IND)를 제출하고, 승인을 받으면 임상시험을 할 수 있습니다. IND를 제출하고 승인을 받기까지는 몇 개월이 소요되지만, 검토가 길어지면 1~2년 이상이 걸릴 수도 있습니다.

전체 신약 개발 과정 중, 임상시험에서 대부분의 시간과 비용이 소모됩니다. 따라서 실험 참가자를 몇 명으로 할 것인지, 약물을 어떤 경로로 투여하고, 용량은 얼마로 할 것인지, 어떤 데이터를 수집할지 등의 계획, 즉 프로토콜(디자인)을 잘 세우는 것이 매우 중요합니다.

임상시험은 임상 1상, 임상 2상, 임상 3상 이렇게 세 단계로 나뉩니다. 하나씩 살펴보겠습니다.

1. 임상 1상

임상 1상에서는 안전성을 확인합니다. 후보물질이 체내에서 어떻게 흡수·분포·대사되는지 등을 파악해 안전하게 사용할 수 있는 최대 투여량을 찾는 것을 목표로 하죠. 이런 이유로 환자가 아닌 건강한 성인 20~80명을 대상으로 진행합니다.*

임상 1상은 건강한 성인이 대상이므로 임상 2상과 3상보다 성공 확률이 높으며, 임상 1상에서 얻은 데이터는 임상 2상을 설계할 때 중요한 역할을 합니다. 임상 1상을 진행하는 데는 평균 1~2년이 소요됩니다.

참고로 항암제는 독성이 매우 강합니다. 정상세포를 손상시킬 수 있으므로 건강한 사람을 대상으로 임상시험을 진행하기가 어렵습니다. 또, 특정 표적을 대상으로 할 경우, 해당 표적이 없는 사람이라면 실험을 하는 의미가 없죠. 그래서 항암제는 임상 1상부터 실제 환자를 대상으로 진행하는 경우가 많습니다. 이처럼 질환에 따라 임상 프로토콜이 달라질 수 있다는 점도 알아두면 좋습니다.

임상 1상을 1a상, 1b상 이렇게 두 부분으로 나누기도 합니다. 1a상은 단회 용량 시험입니다. 임상시험 대상자에게 약물을 1회 투여하여 안전성과 약동학**을 평가하고, 이를 바탕으로 내약성***을 확립해 최적 용량을 설정합니다. 1b상은 반복투여 시험입니다. 1b상에서는 약리학****을 평가합니다. 임상시험 대상자에게 일정 기간에 약물을 반복적으로 투여하여 약물이 작용했을 때 체내의 변화를 확인합니다.

---

* 임상시험에 참여하는 사람의 숫자도 질환마다 다 다릅니다.
** 약물이 체내에서 흡수·분포·대사·배설되는 과정을 말합니다.
*** 인체가 부작용 없이 약물을 견디는 정도를 말합니다.
****약물이 신체에 미치는 영향(치료 효과, 부작용)을 관찰하는 것을 말합니다.

2. 임상 2상

임상 2상에서는 유효성을 확인합니다.[*] 소규모의 실제 환자(평균 100~300명)를 대상으로 진행하며, 중요도가 높은 만큼 성공 확률이 가장 낮습니다. 임상 2상은 단독으로 진행하는 경우가 더 많지만, 2a상과 2b상으로 나누기도 합니다. 2a상은 소규모 환자를 대상으로 약물의 효능과 안전성에 대한 사전 정보를 얻는 것을 목적으로 합니다. 2b상은 통계적으로 유의미한 효과를 확인하는 것을 목적으로 하며, 임상 1상과 2a상에서 얻은 데이터를 확증하고, 임상 3상을 위한 최적 용량을 확인합니다.

임상 2상에는 평균 2~4년이 소요되며, 임상 2상을 마치면 후보물질의 용량과 투여 방식이 결정됩니다.

3. 임상 3상

임상 3상에서는 500~3,000명의 대규모 환자를 대상으로 후보물질의 유효성을 확인합니다. 다수의 환자를 대상으로 장기간 관찰을 통해 통계적 유의성을 입증해야 하므로 가장 많은 시간과 비용이 들어갑니다. 비용의 경우, 최소 200억 원에서 최대 1조 원 이상이 필요한 것으로 추정되죠.

임상 3상에서는 심리 효과 등을 배제하고 객관성을 담보하기 위해 그룹을 둘로 나눠 한 그룹에게만 후보물질을 투여합니다. 이때 의사조차 어느 그룹에 후보물질을 투여했는지 알 수가 없습니다. 이런 실험 방법을 이중 맹검법이라

---

[*] 물론 임상 2상에서도 안전성을 계속 테스트합니다.

고 합니다. 또 3상에서는 (기존 약물이 있다면) 기존 약물과 후보물질을 비교하는 임상시험도 진행합니다. 이렇게 나온 비교 임상 데이터는 신약 승인에서 가장 중요한 지표로 작용하며, 결과가 좋을수록 승인될 확률도 높아집니다.

임상 3상도 3a, 3b로 나눌 수 있지만, 나누지 않고 진행하는 경우가 더 많습니다. 임상 3상을 끝내는 데는 평균 3년이 걸립니다.

4. 승인과 시판 후 안전성 조사

임상시험이 끝나도 아직 안심할 수는 없습니다. 마지막 관문인 허가가 남아 있기 때문이죠. 지금까지의 데이터를 모두 정리해 규제 기관에 신약허가신청서(New Drug Application, NDA)를 제출합니다. NDA를 제출한 후 승인을 받기까지는 6개월~1년의 시간이 필요합니다. 승인이 나면 판매를 시작할 수 있는데 판매 후에도 환자에게 부작용이 발생하지는 않았는지 계속 추적 조사를 진행합니다. 이를 시판 후 안전성 조사라고 하며, 임상 4상이라고도 부릅니다. 만약 시판 후 안전성 조사에서 큰 부작용이 나타나면 허가가 취소될 수 있습니다.

개발 기간을 단축하는
두 가지 방법

의약품마다 차이가 있지만, 신약을 만드는 데는 보통 10~15년이란 긴 시간과 수천억 원에서 수조 원의 비용이 들어갑니다. 기간이 길어질수록 더 많은 비용이 투입되므로 기업들은 신약 개발 기간을 단축하기 위해 많은 노력을 기울이고 있습니다. 기간을 단축하는 방법은 크게 두 가지입니다. 하나는 규제 기관의 신속 심사 프로그램을 이용하는 것이고, 다른 하나는 임상 프로토콜을 좀 더 정교하게 설계하는 것입니다.

FDA의 신속 심사 프로그램

각 나라의 규제 기관은 여러 가지 신속 심사 프로그램을 운영하고 있습니다. 미국 FDA의 신속 심사 프로그램을 살펴보겠습니다.

1. 신속 절차(Fast Track)

Fast Track은 충족되지 않은 의료 수요(#미충족 의료 수요)를 해결하기 위해 개발 과정을 지원하고 심사 절차를 신속하게 진행하는 프로그램입니다. 개발 과정의 어느 단계에서도 신청할 수 있으며, 전임상 데이터가 first-in-class 수준이면 Fast Track 지정을 받을 수 있습니다.

Fast Track에 지정되면 신약허가신청서(NDA) 자료를 단계적으로 제출할 수 있는 동반 심사(rolling review)를 받을 수 있습니다. 일반적으로 모든 자료가 준비되어야 심사가 진행된다는 점에서 시간적인 혜택이 큰 제도입니다. 또한 임상 1상 전후로 조기 미팅이 지원되는 등 FDA와 좀 더 빈번하게 소통할 수 있습니다.

Fast Track은 주요 신속 심사 프로그램 중에서 성공률이 가장 높습니다. 2023년에 총 55건의 약물이 FDA의 승인을 받았는데, 이 중에서 약 45%인 25건이 Fast Track 제도를 이용하였습니다.

2. 혁신 치료(Breakthrough Therapy)

Breakthrough Therapy는 심각한 질병을 대상으로 기존 치료제보다 상당한 개선을 보였을 때 개발 기간과 심사 절차를 단축해주는 프로그램입니다. 기존 치료제가 증상을 개선하는 수준인데 반해, 후보물질이 질병의 근본적인 원인을 치료하는 정도라면 Breakthrough Therapy로 지정될 수 있습니다. Breakthrough Therapy로 지정되면 Fast Track의 모든 혜택과 더불어 뒤에서 소개할 우선 심사의 대상이 됩니다. 또 개발 과정에서 FDA의 선임 관리자 및 심사 인력 등 여러 부서의 인력들이 참여해 협의를 진행하죠. 이는 개발 기간을 단축하는 데 큰 이점으로 작용합니다. Fast Track보다 혜택이 큰 만큼 지정받는 것도 어렵습니다. 국내 제약·바이오 기업들이 Fast Track에는 여러 번 지정된 바 있지만, Breakthrough Therapy에는 단 한 번도 지정되지 못한 이유입니다.

3. 우선 심사(Priority Review)

모든 신약 승인 심사는 표준 심사와 우선 심사로 구분됩니다. 표준 심사는 일반적인 심사 절차를 의미하며, 우선 심사는 심사 기간을 크게 단축시켜주는 프로그램을 말합니다. 중증 질환을 대상으로 안전성이나 유효성에서 유의미한 효과를 입증하면 우선 심사 대상으로 지정받을 수 있습니다. 물론, 우선 심사 대상이 되었다고 해서 승인을 위한 의학적인 근거나 기준이 바뀌지는 않습니다.

우선 심사는 다른 제도와는 달리, 제3자에게 양도할 수 있는 우선 심사권(바우처, voucher)을 주기도 합니다. 우선 심사권을 구매한 기업은 우선 심사 대상이 될 수 있는데, 현재 약 1억 달러, 원화로 1,300억 원 정도에 거래되고 있습니다.

4. 가속 승인(Accelerated approval)

가속 승인은 치료제가 없는 심각한 상황에서 환자들에게 큰 이득을 주는 임상 데이터가 확인되면 임상 2상의 데이터만으로 판매를 허가해주는 제도입니다. 임상 단계를 건너뛰는 유일한 프로그램입니다. 단, 판매한 후에 임상 3상을 진행해야 하며, 이 결과를 바탕으로 다시 정식 승인을 받아야 합니다. 일례로, 최초의 알츠하이머 치료제로 불린 아두헬름(Aduhelm, 아두카누맙)은 가속 승인을 받았지만, 이후 심각한 부작용과 낮은 효능 때문에 정식 승인은 거부되었습니다.

5. 긴급 사용 승인(Emergency Use Authorization)

공중 보건 비상사태와 같은 긴급한 상황에서 임상시험이 완료되지 않은 의약품의 사용을 허가해주는 제도입니다. 의약품의 잠재적 이익이 위험을 크게 초과할 때 부여합니다. 물론, 긴급한 상황이 끝나면 허가가 종료되며, 안전성과 유효성이 입증된 데이터를 제출하거나 임상시험 등을 진행해 최종 승인을 받아야 합니다. 코로나19 팬데믹 시기에 여러 백신이 긴급 사용 승인을 통해 신속하게 배포된 바 있습니다.

6. 기타 프로그램

신속 심사 프로그램 외에도 의약품 개발 및 승인에 도움을 주는 제도들이 있습니다. 책에서는 두 가지를 소개해드리겠습니다.

첫째는 희귀의약품 지정제도(orphan drug designation, ODD)입니다. 환

자 수가 20만 명 미만인 질환이 대상이며, 연구·개발 비용의 25%에 대한 세제혜택과 함께 임상 비용의 50%를 FDA에서 부담합니다. 또한 심사 신청 수수료가 면제되고, 시판 후 7년간 독점권(일반 의약품은 5년)이 부여되는 등 여러 혜택이 있습니다. 다만, 희귀의약품이라고 해서 승인을 위한 의학적 기준이 바뀌지는 않습니다. 2023년에 FDA의 승인을 획득한 의약품 중에서 27개가 ODD제도의 혜택을 받았습니다.

둘째는 첨단재생의료치료제 제도(regenerative medicine advanced therapy, RMAT)입니다. 기술의 발달로 세포와 유전자를 이용한 치료제가 주목받고 있습니다. RMAT은 세포치료제와 재생 의학 기반의 치료제를 대상으로 규제를 줄이고 승인 절차를 간소화해 중증 환자들에게 도움을 주는 것을 목표로 합니다. 미국에서는 2016년에 신설되었고, 우리나라에서도 2024년에 개정안이 국회를 통과했습니다.[*]

정교한 임상 프로토콜

전체 신약 개발 과정 중, 임상시험에서 대부분의 시간과 비용이 소요됩니다. 따라서 실험 참가자를 몇 명으로 할 것인지, 약물을 어떤 경로로 투여하

---

[*] 우리나라에서 통과된 이 법안을 첨단재생의료 및 첨단 바이오의약품 안전 및 지원에 관한 법률, 줄여서 첨생법이라고 부릅니다.

고, 용량은 얼마로 할 것인지, 어느 데이터를 수집할지, 어떤 프로그램의 혜택을 받을지 등의 계획, 즉 프로토콜(디자인)을 잘 세우는 것이 무엇보다 중요합니다. 프로토콜을 잘 세운 대표적인 사례로는 2023년 기준으로 글로벌 의약품 매출 1위를 기록한 머크의 키트루다를 꼽을 수 있습니다. 놀랍게도 키트루다는 임상 1상부터 승인까지 단 3년밖에 걸리지 않았습니다. 어떻게 이런 일이 가능했을까요?

머크는 임상 1상에서 무려 1,200명이 넘는 환자를 모집했습니다. 통상 100명 이하로 진행하는 임상 1상에서는 상상하기 어려운 숫자였죠. 이는 이전까지 진행된 모든 임상 1상 중에서 가장 큰 규모였습니다. 흑색종 환자부터 비소세포폐암 환자까지 암세포의 PD-L1이 면역 시스템을 속이는 문제가 있는 여러 유형의 암 환자를 모으고, 이들을 유형별로 분류해 좀 더 세분화된 실험을 진행했습니다. 그리고 더 효과를 보이는 실험군을 찾아내어, 해당 실험군을 대상으로 다수의 임상 2상과 3상을 진행하여 성공 확률을 높였습니다.

종결점(endpoint)*을 전체 생존 기간(OS)과 무진행 생존 기간(PFS)으로 잡고, 이를 충분히 관찰할 수 있을 때까지 임상을 진행한 것도 좋은 전략이었습니다. 임상 1상에서 대규모 환자를 모집했기에 초기부터 다양한 암에서 OS와 PFS가 모두 개선된 것을 확인할 수 있었고(약물의 유효성 확인), 일관되고 예측할 수 있는 수준의 부작용(약물의 안전성 확인)으로 규제 기관의 신뢰를 얻었습니다.

---

* 임상시험에서 약물의 효과나 안전성을 평가하기 위해 미리 정한 주요 측정 지표

임상시험 과정에서 얻은 중간 데이터를 바탕으로 향후 진행할 임상시험의 방향을 수정하는 것을 적응적 설계(adaptive design)*라고 합니다. 적응적 설계는 치료 효과가 명확할 경우, 임상 2상과 3상을 통합하거나 다음 단계로 빠르게 넘어갈 수 있다는 장점이 있습니다. 키트루다는 적응적 설계로 진행을 하였고, 더불어 FDA의 신속 허가 프로그램의 일종인 획기적 의약품(breakthrough designation, BTD) 제도와 가속 승인 제도(Accelerated approval)를 적극적으로 활용해 승인 기간을 크게 단축시켰습니다. 덕분에 3년이란 기간 안에 임상 1상부터 승인까지 완료할 수 있었죠.

결과만 놓고 보면, 이 과정이 쉬워 보이지만, 수많은 노하우와 전략, 체계적인 의사결정 구조, 막강한 자본력과 전문적인 인력을 갖춘 글로벌 기업이기에 가능한 일이기도 합니다.

---

* 적응적 설계는 전통적인 임상시험 설계보다 복잡해 더 많은 비용과 자원을 필요로 합니다. 또한, 규제 기관의 허가도 있어야 합니다.

신약의
생산

까다로운 생산 조건

규제 기관의 판매 승인을 받고 나면 이제 신약을 생산할 차례입니다.

많은 분이 간과하고 있지만, 제약·바이오 산업은 엄연한 제조업입니다. 그것도 대규모 자본과 인력이 필요한 진입 장벽이 매우 높은 제조업이죠.

의약품의 생산 조건은 매우 까다롭습니다. 생활 환경에서 볼 수 있는 쥐나 벌레 등의 침입은 기본이고, 눈에 보이지 않는 공기 중의 오염원(ex.입자와 미생물)까지 전부 차단해야 하죠. 그래서 의약품 공장은 극한의 청정도를 자랑

하는 클린룸(Cleanroom) 시스템으로 운영되며, 공기 중의 미세 입자를 효과적으로 제거하는 헤파필터(High Efficiency Particulate Air, HEPA)와 공기 배관의 오염원을 차단하는 대형 공기 조화 설비가 설치되어 있습니다. 또한 공간마다 격벽을 설치하고, 격벽 간에 기압 차를 유지하면서 온도와 습도를 세밀하게 조절합니다.

완제의약품은 원료의약품(API)에 첨가물을 반죽해서 균일한 혼합물의 형태로 만든 다음, 이를 가공해 포장 용기에 담아 완성합니다. 보통 원료의약품은 외부에서 구매하는데 입고할 때마다 성분을 검증해야 하며, 약을 완성한 후에도 원하는 수준의 원료의약품이 포함되었는지, 약들 간의 편차는 없는지 등을 확인해야 합니다. 그리고 몇 개월 동안 열악한 환경(ex. 고온, 다습)에 보관하여 변질 상태와 관련된 기준을 통과해야만 비로소 판매할 수 있습니다.

바이오의약품은 살아 있는 세포를 사용하므로 생산 공정이 더 복잡하고 까다롭습니다. 그래서 GMP 인증*을 받은 시설에서 생산됩니다. 또, 일반적인 알약(정제, 캡슐)의 생산은 상대적으로 규제가 덜하지만, 혈관에 직접 약물을 투여하는 주사제의 생산은 결벽에 가까운 수준으로 공정이 관리됩니다. 의약품 생산에 막대한 자본과 인력이 필요한 이유입니다.

---

* GMP는 Good Manufacturing Practice의 약자로 의약품의 안전성과 품질을 보증하기 위해 원료의 구입부터 제조, 출하에 이르는 모든 과정에 필요한 관리 기준을 규정한 제도입니다.

신약의
판매

국가마다 다른 보험 제도

　신약의 판매 가격은 매우 비쌉니다. 오랜 시간과 막대한 비용을 투자했기에 어찌 보면 당연한 것처럼 보이기도 합니다. 문제는 가격이 너무 비싸면, 소비자가 선뜻 구매하기 어렵다는 것입니다. 그럼 애써 만든 신약이 팔리지 않아서 결국 기업에도 손해죠. 이 문제는 국가에서 운영하는 사회보장제도인 건강보험으로 해결할 수 있습니다. 신약이 적정한 가격으로 건강보험에 등재되면, 소비자는 건강보험의 혜택을 받아 저렴하게 약을 살 수 있어 좋고, 기업은 가격을 조금 낮추더라도 많이 판매할 수 있어 서로 윈윈입니다. 그래서 제약·바이오 기업에게는 신약을 건강보험에 등재하는 것이 매우 중요합니다.

건강보험 제도에는 크게 세 가지 방식이 있습니다. 첫째는 의료보험(National Health Insurance, NHI)입니다. NHI는 자기 책임 원칙을 우선시하는 방식으로 개인이 납부한 건강보험료로 운영되며 정부는 이를 지원·감독하는 역할을 합니다. 독일의 오토 폰 비스마르크(Otto von Bismarck) 수상이 처음 제안했다고 해서 '비스마르크 방식'으로도 불립니다. 한국을 비롯해 독일, 프랑스, 벨기에, 네덜란드, 일본, 대만이 이 방식을 적용하고 있습니다.

둘째는 국가보건서비스(National Health Service, NHS)입니다. NHS는 국가 책임 원칙을 우선하는 방식으로 일반 조세를 재원으로 하여 모든 국민에게 무상으로 의료 서비스를 제공합니다. 영국, 캐나다, 스웨덴, 이탈리아, 포르투갈 등이 이 방식을 적용하고 있습니다. NHI와 NHS는 모두 국가가 광범위한 의료보험 서비스를 제공하는 공공 의료보험 체계입니다.

마지막은 공공 의료보험의 비중을 축소한 방식으로 공공 의료보험을 적용하지 못하는 부분은 민간 의료보험이 대신합니다. 국가가 일부 의료 서비스를 제공하지만, 특정한 자격 요건을 갖추지 못하면 높은 의료 비용에 직면할 수 있습니다. 미국의 공공 의료보험인 메디케어와 메디케이드(Centers for Medicare & Medicaid Services, CMS), 스위스의 의무 건강보험(Mandatory Health Insurance, MHI)이 이 방식을 적용하고 있습니다

한국의 건강보험

한국에서는 건강보험에 대한 국민 만족도가 높습니다. 높은 수준의 의료 서비스를 상대적으로 저렴한 가격으로 받을 수 있기 때문입니다. 일례로, 비소세포폐암 치료제인 타그리소는 건강보험에 등재된 후에 1년의 약값이 6,800만 원에서 340만 원으로 감소하였으며, 혈액암 환자를 대상으로 하는 CAR-T 세포치료제인 킴리아는 1회 투약 비용이 약 3억 5천만 원에서 최대 600만 원(건강보험 본인 부담 상한제 적용)으로 경감되었습니다.* 이 외에도 로즐리트렉(Rozlytrek), 비트락비(Vitrakvi) 등 고가 의약품의 가격이 건강보험에 등재된 후에 큰 폭으로 떨어진 바 있습니다.

의약품	건강보험 등재 전 가격	건강보험 등재 후 가격
타그리소	6,800만 원	340만 원
킴리아	3억 5천만 원	600만 원
로즐리트렉	8,500만 원	430만 원
비트락비	8,800만 원	440만 원
옵디보	7,000만 원	350만 원
린파자	9,200만 원	460만 원
키트루다	8,000만 원	400만 원
스핀라자	10억 원(1회)	500만 원

| 표 7-1. 고가 의약품의 건강보험 등재 전후 가격 비교 |

* 환자당 평생 1회 건강보험 적용이 가능합니다.

이처럼 건강보험을 통해 약값이 저렴해지면 국민들은 혜택을 받습니다. 그런데 이것이 좋은 점만 있는 것은 아닙니다.

1. 낮은 신약 등재 비율

현재 판매되고 있는 대부분의 신약은 글로벌 제약·바이오 기업이 만듭니다. 글로벌 제약·바이오 기업과 한국의 건강보험심사평가원(#심평원), 국민건강보험공단이 협상하여 보험 등재 여부와 약값을 결정하죠. 글로벌 제약·바이오 기업에게 약값이 저렴한 한국은 매력적인 시장이 아닙니다. 이는 통계에서도 확인할 수 있습니다.

브랜드 의약품을 기준으로 미국의 약값을 100으로 했을 때 미국을 제외한 OECD 32개국의 평균 약값은 미국의 29.1%인데 반해, 한국은 18.8%에 불과합니다. 미국에서 비싼 가격에 약을 판매할 수 있는데 굳이 한국에 공을

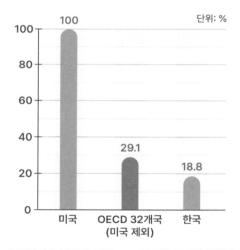

| 그림 7-2. 미국을 기준(100)으로 한 국가별 약값 |

들일 필요가 없습니다. 그러다 보니 한국에는 신약이 굉장히 늦게 들어옵니다. 신약이 출시되고 1년 이내에 자국에 도입되는 비율을 보면, 미국 78%, 독일 44%, 영국 38%, 일본 32%, OECD 평균 18%이지만, 한국은 5%입니다. 100개의 신약이 출시되면 이 중에서 단 5개만이 1년 이내에 한국으로 들어온다는 의미입니다.

보험에 등재되는 신약도 적습니다. 미국은 신약 100개 중에서 85개가 보험에 등재됩니다. 즉, 등재율이 85%입니다. 독일은 61%, 일본과 영국은 48%, OECD 국가 평균은 29%죠. 반면 한국은 22%에 불과합니다. 코리아 패싱이라는 말이 나오는 이유입니다.

상황이 이렇다 보니, 국내 환자들은 돈이 있어도 약을 구하지 못하는 일을 겪을 수 있고, 신약 선택권이 다른 국가 환자에 비해 제한적인 상황에 놓여 있습니다.

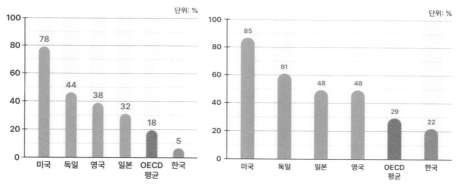

| 그림 7-3. 국가별 신약 도입 비율(좌)과 보험 등재 비율(우) |

2. 건강보험의 재정 위기

통계청 자료에 따르면 2020년 기준으로 한국의 65세 이상 고령 인구는 약 800만 명입니다. 그리고 이 숫자는 매년 가파르게 증가해 2025년에는 1,000만 명, 2035년에는 1,500만 명을 돌파할 것으로 전망되고 있습니다. 나이가 들수록 갖가지 질병에 노출되므로 고령화로 인한 큰 폭의 건강보험 준비금 지출이 불가피한 상황입니다.

또한, 암 환자의 경우, 생존 기간을 늘리는 2차, 3차 항암제의 등장으로 건강보험이 커버하는 항암제의 비용이 천문학적으로 증가하고 있으며, 곧 알츠하이머를 비롯해 기존에 없던 여러 치료제까지 등장하면 이 비용은 더욱 늘어날 것으로 예상됩니다.

문제는 이러한 비용을 감당할 만큼의 건강보험 준비금이 없다는 것입니

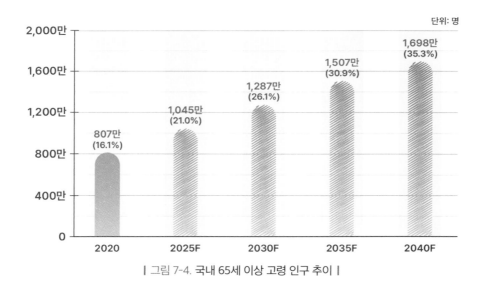

| 그림 7-4. 국내 65세 이상 고령 인구 추이 |

다. 그림 7-5를 보면, 2024년부터 재정수지 적자가 예상됩니다. 건강보험으로 들어오는 건강보험료(#건보료)보다 나가는 의료비가 더 많다는 의미입니다. 이 상태가 지속되면 2028년에는 보유하고 있는 건강보험 준비금이 모두 고갈됩니다. 현재 정부가 세금으로 건강보험을 지원하고 있는데, 건강보험료를 30~40% 올리지 않으면 재정 균형을 맞추기가 어려울 것으로 전망되고 있습니다. 곧 닥칠 위기를 지금부터 대비해야 하지만, 여러 이해관계가 얽혀 있어 쉽지 않은 상황입니다.

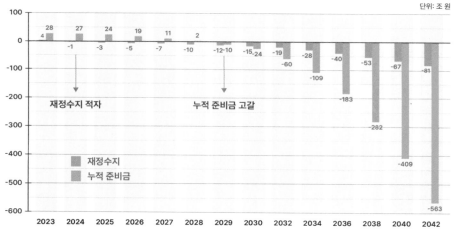

| 그림 7-5. 건강보험의 재정수지와 누적준비금 추이 |

핵심만 쏙쏙! • • •

1. 신약의 개발 과정

신약의 개발 과정은 아래와 같습니다. 첫 번째 단계는 질병의 원인을 규명하고 타깃 물질을 선별하는 후보물질 탐색입니다. 그다음은 세포와 동물을 대상으로 시험하는 비임상시험입니다. 비임상시험이 끝나면 규제 기관에 임

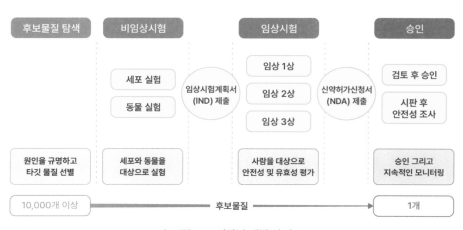

| 그림 7-6. 신약의 개발 과정 |

상시험계획서(IND)를 제출합니다. 이제 사람을 대상으로 하는 임상시험을 진행합니다. 임상시험은 1상, 2상, 3상으로 나눠서 진행하며, 신약 개발 과정 중에서 가장 많은 시간과 비용이 들어갑니다. 시험이 모두 끝나면 신약허가신청서(NDA)를 제출합니다. 규제 기관의 승인을 받으면 신약을 판매할 수 있는데, 판매한 후에도 부작용이 없는지를 지속적으로 모니터링해야 합니다. 이를 시판 후 안전성 조사라고 합니다.

2. 개발 기간을 단축하는 두 가지 방법

신약 개발 기간을 단축하면 비용을 아낄 수 있습니다. 방법은 크게 두 가지가 있습니다. 첫째는 규제 기관의 신속 심사 프로그램을 이용하는 것입니다. FDA라면 신속 절차(Fast Track), 혁신 치료(Breakthrough Therapy), 우선 심사(Priority Review), 가속 승인(Accelerated approval) 등의 프로그램을 이용해볼 수 있습니다. 둘째는 임상 프로토콜(디자인)을 정교하게 설계하는 것입니다. 실험 참가자를 몇 명으로 할 것인지, 어떤 경로로 약물을 투여하고, 용량은 얼마로 할 것인지, 어느 데이터를 수집할지 등의 계획을 잘 세우면 신약 개발 기간을 단축할 수 있습니다.

3. 신약의 생산

의약품은 생산 조건이 까다롭습니다. 특히, 살아 있는 세포를 원료로 하는 바이오의약품은 공정이 곧 제품이라는 말이 나올 정도로 생산 조건이 매우 엄격합니다. 또한, 혈관에 직접 투여하는 주사제는 결벽에 가까운 수준으로 공정 관리가 이루어집니다. 이런 이유로 의약품 생산의 진입 장벽은 굉장히 높으며, 대규모 자본과 인력을 필요로 합니다.

4. 신약의 판매

신약은 약값이 매우 비쌉니다. 그래서 제약·바이오 기업은 국가에서 운영하는 건강보험에 신약을 등재하여 약값을 낮추는 대신 판매량을 늘리는 전략을 사용합니다.

한국의 환자들은 건강보험 덕분에 높은 수준의 의료 서비스를 상대적으로 저렴한 가격으로 제공받습니다. 수억 원을 호가하는 신약도 몇백만 원에 처방받을 수 있죠. 그러나 이런 혜택 뒤에는 낮은 신약 등재 비율과 건강보험 재정 위기라는 문제가 숨어 있습니다. 특히 건강보험 재정 적자는 시급한 문제이지만, 여러 이해관계가 얽혀 있어 해결하기가 쉽지 않은 상황입니다.

🔬 한 걸음 더!　　　　　　　　　　　　• • •

1. IC50은 무엇인가요?

IC50은 Half maximal inhibitory concentration의 약자로 약물이 생물학적 기능을 50% 억제하는 데 필요한 농도를 말합니다. IC50 값이 낮다는 것은 약물이 적은 농도로도 강력하게 작용하는 것을 의미합니다. IC50 값은 약물이 암세포의 성장을 얼마나 효과적으로 억제하는지, 또는 특정 효소의 활성을 얼마나 잘 차단하는지 등을 평가할 때 유용한 기준이 되며, 약물 개발 과정에서 약물 간의 효능을 비교하고 최적 용량을 설정하는 데 핵심적인 역할을 합니다.

2. 이중맹검 VS 오픈라벨

효과를 검증하기 위해 투여하는 새로운 약을 시험약, 비교를 위해 투여하는 위약(가짜 약)을 대조약*이라고 합니다. 이중맹검은 환자와 의료진이 시험

---

* 대조약에는 위약 외에도 기존 치료제가 사용될 수 있습니다.

약과 대조약 중에서 어떤 약을 투여했는지 모른 채로 임상시험을 진행하는 방식입니다. 반면, 오픈라벨은 환자와 의료진이 어떤 약을 투여했는지 알고 있는 상태에서 임상시험을 진행하는 방식입니다.

임상시험의 기본은 이중맹검이며, 각국의 규제 기관들도 임상 3상에서는 이중맹검 시험을 권고하고 있습니다. 오픈라벨은 시험약과 대조약을 동일하게 만드는 게 어렵거나 투여 방식 등에 차이가 있어 이중맹검이 불가능할 때, 희귀질환이라서 환자의 수가 너무 적을 때와 같이 어쩔 수 없는 상황에서 진행합니다.

3. 임상 3상에서 충분한 수의 환자를 모집한다고 했는데, 희귀질환의 경우 대상 환자 자체가 적습니다. 이럴 때는 임상시험을 어떻게 진행하나요?

희귀질환은 일반적인 임상과는 조금 다른 방식으로 진행하며, 통계적 유의치만 달성한다면 참여 환자의 수가 적어도 신약 승인을 받을 수 있습니다.

희귀질환의 임상시험은 비교적 적은 환자 수를 요구하는 임상 1상과 2상에서부터 환자를 모집하기가 힘듭니다. 그래서 글로벌 규모로 진행합니다. 다만, 다국적 임상시험은 프로토콜이 복잡해 전문 컨설턴트의 도움을 받거나 외부 기관에 아웃소싱하는 방식으로 진행하는 경우가 많습니다.

보통 임상시험에서 두 개의 무작위 블라인드 테스트를 진행하지만, 희귀질환은 무작위 블라인드 테스트를 하지 않아도 됩니다. 또한, 통상적으로 약물의 효과나 안전성을 평가하기 위해 1차 종결점(primary endpoint)과 2차 종결점(secondary endpoint)을 정하는 것과 달리, 합리적인 기간 내에서 일반적으로 사용되는 종결점 정도만 정해도 됩니다. 만약 약물의 직접적인 평가(측정)가 어려우면, 간접적으로 예측할 수 있는 지표인 대리 종결점(surrogate endpoint)*만 확인되어도 승인을 받을 수 있습니다.

4. 수많은 블록버스터 신약이 적응증을 확장합니다. 이렇게 약물이 다른 질병에도 효과가 있을 경우 임상시험을 처음부터 다시 해야 하나요?

항암제를 제외하면 보통 임상 1상에서는 건강한 사람을 대상으로 안전성을 평가하므로, 적응증을 확장하더라도 다시 임상 1상을 진행할 필요는 없습니다. 그래서 적응증 확장을 위한 임상은 보통 3상부터 진행합니다.** 임상 3상에서 성공적인 데이터가 나오면 적응증을 확장할 수 있으며, 그 적응증으로도 약을 처방할 수 있습니다.

5. 미국은 FDA, 유럽은 EMA, 한국은 식약처에서 신약의 승인을 담당합니다. 신약을 다른 나라에 판매하려면 해당 국가에서 임상시험을 다시 진행해야 하나요?

미국이나 유럽과 같은 주요 선진국에서 이미 승인을 받았다면, 해당 임상시험 데이터를 참고해 추가 임상시험을 하지 않고도 바로 승인해 줄 수 있

---

* 암 환자라면 종양 크기의 감소, 심혈관 질환 환자라면 혈압 등이 대리 종결점이 될 수 있습니다.
** 약물의 작용 기전이 다르거나 기존 임상 데이터가 충분치 않다고 판단되면 임상 2상이 필요할 수도 있습니다.

습니다. 특히 여러 국가에서 임상시험을 진행했다면 가능성은 더욱 높다고 볼 수 있죠. 그러나 인구학적 차이를 고려해 추가적인 임상시험을 요구할 수도 있습니다. 물론 이 경우에도 완전히 새로운 대규모의 임상시험보다는 기존 데이터를 보완하거나 현지에서 특정 인구를 대상으로 하는 소규모 시험에 가깝습니다. 일례로, 키트루다는 2014년에 미국 FDA의 승인을 받은 후, 기존 임상 데이터를 활용해 유럽 EMA와 한국 식약처로부터 승인을 받았지만, 일부 국가에서는 소규모 임상시험을 추가로 진행한 바 있습니다. 즉, 모든 신약이 동일한 절차를 거치는 것은 아니고, 의약품에 따라 규제 기관의 요구 사항이 달라진다고 이해하면 됩니다.

6. 국내 제약·바이오 기업 창업자 중에는 왜 대학 교수 출신이 많을까요?

국내뿐 아니라 해외에도 많습니다. 교수들은 연구를 하고, 그 결과를 바탕으로 논문을 씁니다. 만약 질병의 원인을 규명하고, 이를 타깃으로 하는 물질을 발견해 논문을 썼는데 이 논문이 학술지에 게재되어 좋은 평가를 받는다면, 찾아낸 물질이 어느 정도의 가치를 인정받은 것과도 같습니다. 그럼 연구를 더 발전시켜 이 물질을 신약으로 개발하고자 하는 의지를 갖게 되죠. 이러한 의지가 창업으로 이어져 교수가 창업하는 비율이 다른 분야들보다 높습니다.

산업의 분업 체계와
국가별 경쟁력

막강한 자본력과 글로벌 유통망을 갖춘 소수의 빅파마를 제외
하면 신약을 개발하고, 이를 대량으로 생산해 전 세계에 판매
하는 과정을 단독으로 진행하기는 어렵습니다. 이런 이유로 제약·바이오
산업은 분업화가 잘 되어 있습니다. 이번 장에서는 단계별로 어떤 분야가
있는지 알아보고, 분야별 대표 기업과 국가별 경쟁력을 공부합니다.

발견 단계와 개발 단계의
분업 체계

후보물질을 발굴하는 과정을 발견 단계, 비임상시험부터 신약허가신청서를 제출하는 과정을 개발 단계, 신약을 생산하는 과정을 생산 단계라고 합니다. 그림 8-1을 함께 보면서 발견 단계와 개발 단계에 있는 전문화된 분야들을 살펴보겠습니다.

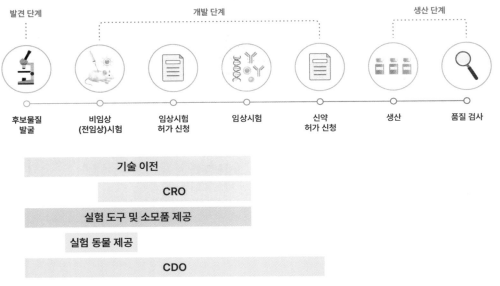

│ 그림 8-1. 발견·개발 단계의 분업 체계 │

기술 이전(수출)

후보물질과 기술을 다른 기업에 판매하는 것을 기술 이전(수출) 혹은 라이선스 아웃(License Out)이라고 합니다. 예를 들면, 임상 1상을 완료한 후, 후보물질의 데이터를 기반으로 후보물질이나 관련 기술을 더 큰 기업에 이전하는 것이죠. 기술을 판 기업은 돈을 벌 수 있고, 기술을 산 기업은 시간을 벌 수 있습니다. 물론, 기술을 이전했다고 해서 바로 돈을 받을 수 있는 것은 아닙니다. 통상 계약금(#선급금)으로 총 금액의 5~10% 정도만 먼저 받습니다. 이후 해당 기술이 새로운 단계를 통과할 때마다 마일 스톤이라고 불리는 추가 금액

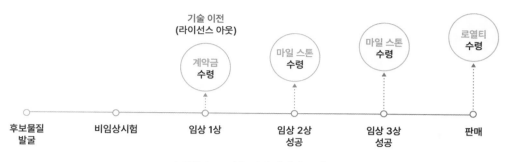

┃ 그림 8-2. 기술 이전 단계별 수익 ┃

을 받습니다. 임상 2상을 통과하면 추가 금액을 받고, 임상 3상을 통과하면 또 추가 금액을 받는 방식입니다. 보통 임상이 진전될수록 마일 스톤 금액이 더 커집니다. 마지막으로 판매가 시작되면, 판매 금액의 일정 비율을 로열티로 받습니다. 하지만 이전한 기술이 임상시험을 통과하지 못하면 기술이 반환되며* 이런 경우에는 계약금(선급금, 반환하지 않아도 되는 금액)과 지금까지 수령한 마일 스톤이 최종 수익금이 됩니다.

그림 8-3을 보면, 최근 몇 년 사이에 기술 이전은 활발하게 이루어지고 있지만(총 금액의 증가), 계약금은 점점 적게 주고 있다는 것을 알 수 있습니다(계약금 비중의 감소). 이는 기술을 구매하는 빅파마와 기술을 판매하는 바이오텍 간의 협상에서 자금력을 앞세운 빅파마가 우위에 있음을 보여줍니다.

---

* 임상 데이터가 만족스럽지 않거나 해당 기술(후보물질)에 더 이상 투자할 가치가 없다고 판단되는 경우에도 기술이 반환됩니다.

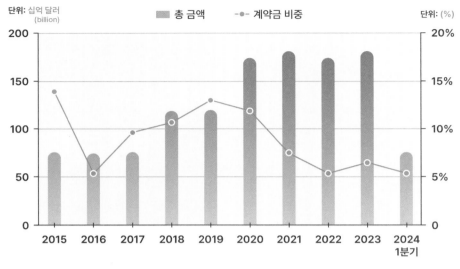

단위: 십억 달러 (billion)

단위: (%)

■ 총 금액　　-●- 계약금 비중

| 그림 8-3. 기술 이전 총 금액 & 계약금 비중 추이 |

　　간혹 뉴스에서 'A 기업은 5개의 파이프라인을 보유하고 있다.'는 식의 표현을 볼 수 있는데, 여기서 파이프라인은 후보물질을 의미합니다. 국내 제약·바이오 기업의 대부분은 기술 이전을 목표로 하므로 해당 뉴스는 향후 기술 이전을 목표로 연구하고 있는 후보물질이 5개라는 뜻으로 해석할 수 있습니다.

임상시험 수탁기관

　　임상시험에는 돈뿐만 아니라 전문성과 노하우가 필요합니다. 규모가 작거나 경험이 적은 기업은 여러모로 부담이 될 수밖에 없습니다. 이 문제는 임상시험 수탁기관(Contract Research Organization, CRO)을 통해 해결할 수 있습니다. CRO는 임상시험을 대신 수행합니다. 전문성과 경험이 풍부해 보다 효율적이고 정확한 임상시험을 할 수 있으며, 불필요한 비용을 절감할 수 있습니다. 또한, 복잡한 임상시험은 CRO에 맡기고, 연구·개발에만 매진할 수 있다는 점도 큰 장점이죠.

대표적인 CRO 기업은 아이큐비아(IQVIA)입니다. 2016년, 퀸타일즈(Quintiles)와 아이엠에스 헬스(IMS Health)의 합병으로 탄생했으며, CRO 사업 외에도 디지털 헬스케어 및 데이터 사업을 영위하고 있습니다. 글로벌 CRO 시장에서 약 17.5%의 점유율을 차지하는 1위 사업자이며, 2위는 15%를 점유하고 있는 랩콥 드러그 디벨롭먼트(Labcorp Drug Development), 3위는 11%의 점유율을 가진 피피디(PPD)입니다. 참고로 피피디는 2021년에 뒤에서 소개할 기업인 써모 피셔 사이언티픽(Thermo Fisher Scientific)에 인수되었습니다.

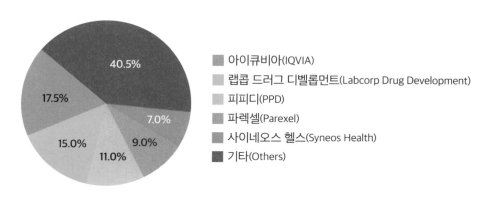

40.5%

17.5%

7.0%

15.0%

9.0%

11.0%

■ 아이큐비아(IQVIA)
■ 랩콥 드러그 디벨롭먼트(Labcorp Drug Development)
■ 피피디(PPD)
■ 파렉셀(Parexel)
■ 사이네오스 헬스(Syneos Health)
■ 기타(Others)

| 그림 8-4. 임상시험 수탁기관의 시장 점유율 |

실험 도구 및 소모품 제공

임상시험에는 여러 실험 도구와 소모품, 그리고 분석 장비가 필요합니다. 구체적으로 시약[*], 배양 접시, 피펫,[**] 시험관과 같은 기본적인 실험실 도구부터 고정밀 분석을 위한 PCR 기기[***], ELISA 장비[****] 등이 있어야 하죠. 이들 장비와 소모품은 모든 실험과 임상(비임상)시험에서 필수적이며 연구 결과의 재현성을 높이는 중요한 요소입니다. 실험 도구와 소모품의 퀄리티가 결과물의 퀄리티로 이어진다는 의미이기도 합니다.

실험 도구와 소모품을 생산하는 대표 기업은 써모 피셔 사이언티픽과 다나허(Danaher)입니다. 써모 피셔 사이언티픽은 진단 기기 및 시약, 바이오 관련 소재, 부품, 장비를 생산합니다. 탄탄한 글로벌 영업망을 구축하고 있으며, M&A를 바탕으로 CRO 분야와 뒤에서 배울 CDMO 분야에까지 사업을 확장하였습니다. 다나허는 실험실에 필요한 모든 도구와 소모품을 생산합니다. 특정 소모품 분야에서 압도적 경쟁력을 갖춘 기업을 인수하며 지속적으로 성장하고 있습니다.

---

[*]   실험이나 분석에서 화학 반응을 유도하거나 특정 물질을 검출하기 위해 사용하는 물질(첨가물)입니다.
[**] 액체의 부피를 정확하게 측정하고, 액체를 옮기는 데 사용하는 도구입니다.
[***] DNA의 특정 구간을 선택적으로 증폭시키는 장비입니다.
[****]생물학적 시료에서 특정 물질(단백질)을 검출하고 정량화하는 데 필요한 장비입니다.

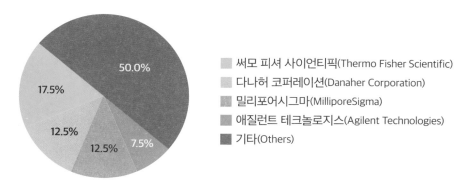

써모 피셔 사이언티픽(Thermo Fisher Scientific)
다나허 코퍼레이션(Danaher Corporation)
밀리포어시그마(MilliporeSigma)
애질런트 테크놀로지스(Agilent Technologies)
기타(Others)

| 그림 8-5. 실험 도구 및 소모품 제공 분야의 시장 점유율 |

실험 동물 제공

전임상 단계*에서 동물 실험을 진행하기 위해서는 설치류를 비롯한 다양한 동물(ex.토끼, 원숭이)이 필요합니다. 이러한 동물을 생산하는 기업이 있어야겠죠? 대표 기업은 찰스 리버 랩(Charles River Laboratories)입니다. 찰스 리버 랩은 세계 1위의 전임상시험 CRO 기업으로 한때 FDA 승인 약물 중에서 약 85%가 찰스 리버 랩의 지원을 받았을 정도로 뛰어난 경쟁력을 갖추고 있습니다. 전임상 CRO 사업과 더불어 실험 동물 생산 사업도 영위하고 있습니다.

* 엄밀하게 말하면, 비임상시험은 임상시험에 들어가기 전에 수행하는 모든 활동을 지칭하며, 전임 상시험은 주로 동물 실험을 의미합니다. 즉, 비임상시험이 전임상시험보다 조금 더 큰 개념입니다.

위탁 개발

발견 단계와 개발 단계에서 필요한 여러 가지 일(ex. 임상 1상 물질 생산)을 대신 수행하는 분야를 위탁 개발(Contract Development Organization, CDO) 이라고 합니다. 주로 개발 초기 단계에 있는 업무를 대신 수행하며, 보통 CDO 서비스만 단독으로 제공하는 기업은 많지 않고 뒤에서 배울 CDMO 기업들이 CDO 서비스를 함께 제공합니다.

생산 단계의
분업 체계

위탁 생산

의약품의 생산 공정은 매우 까다롭습니다. 특히 바이오의약품의 경우 공정이 곧 제품이라는 말이 나올 정도로 조건이 매우 엄격합니다. cGMP* 인증을 획득한 생산 시설을 짓는 데는 수천억 원에서 수조 원이 필요하며, 이를 유지하는 데도 고정비가 많이 들어갑니다. 규모가 큰 기업들도 자체 생산 시설을 보유하기가 어려운 이유입니다. 그래서 제약·바이오 산업에서는 생산을 전문 기업에 위탁하는 일이 많습니다. 생산을 맡기고, 연구·개발에 주력함으로써 신약의 출시 시점을 앞당길 수 있고, 기술력을 갖춘 전문 기업이 생산하므

---

* cGMP는 미국, kGMP는 한국, euGMP는 유럽 GMP를 의미합니다.

로 생산 효율도 더 높일 수 있습니다.

1. CMO와 CDMO

위탁 생산은 유형에 따라 위탁생산(Contract Manufacturing Organization, CMO)과 위탁개발생산(Contract Development and Manufacturing Organization, CDMO)으로 나뉩니다.

연구·개발에는 참여하지 않고, 완제품의 생산만 담당하는 분야를 CMO 라고 합니다. 반면, 후보물질 발굴 단계에서부터 연구·개발, 완제품의 생산까지 모두 담당하는 분야를 CDMO라고 하죠. 이해하기 쉽도록 바이오의약품을 생산하는 상황을 예로 들어 설명해보겠습니다.

대부분의 바이오의약품은 생산 과정에서 세포주(Cell-Line)가 필요합니다. 세포주는 특정 단백질이나 항체를 생산하도록 유전자를 변형한 세포 집단을 말합니다. 특정 조건에서 무한 증식을 할 수 있게 설계되므로 세포주를 활

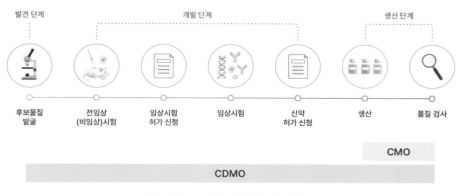

| 그림 8-6. 생산 단계의 분업 체계 |

용하면 동일한 특성을 갖는 바이오의약품을 대량으로 생산할 수 있습니다. 세포주를 얼마나 잘 만드는지가 핵심 경쟁력으로 작용할 수 있는 것이죠. 만약, 의뢰 기업으로부터 세포주를 받아서 완제품만 생산한다면 CMO입니다. 반면, 세포주 개발부터 공정 개발, 생산까지 한다면 CDMO이죠.

참고로 생산 난도가 높은 의약품일수록 CDO의 도움을 받는 경우가 많습니다. 초기 단계부터 함께한 CDO 기업에 위탁 생산까지 맡길 확률이 높겠죠? 그래서 보통 CDMO 기업들이 CDO 사업도 함께 영위합니다.

위탁 생산 기업의 핵심 경쟁력은 크게 네 가지입니다. 첫째는 레퍼런스입니다. 의약품은 가격이 비쌉니다. 생산에 차질이 생기면, 생산을 맡긴 기업과 위탁 생산 기업은 모두 큰 타격을 입습니다. 그래서 레퍼런스가 충분히 쌓이지 않은 위탁 생산 기업은 수주하기가 어렵습니다. 반면 레퍼런스가 쌓이면 그 자체로 경쟁 우위가 생깁니다. 둘째는 생산 능력입니다. 의약품의 가치가 어마어마한 만큼 생산을 맡기는 기업은 공급에 차질이 생기는 것을 극도로 싫어합니다. 이러한 이유로 저렴한 가격을 제시하는 기업보다는 정해진 기한 내에 잘 만드는 기업에 대한 수요가 독보적으로 많습니다. 가격 경쟁력보다 생산 능력이 훨씬 중요하다고 할 수 있죠. 셋째는 파트너사입니다. 어느 분야이든 거래처가 많다는 것은 좋은 레퍼런스가 될 수 있습니다. 위탁 생산 분야도 마찬가지인데, 특히 큰 기업과의 거래가 중요합니다. 큰 기업일수록 충분한 테스트를 거쳐 위탁 생산 기업을 선택하므로, 큰 기업과 거래하고 있다는 것만으로도 신뢰도가 상승합니다. 마지막은 수주한 의약품입니다. 블록버스터급의 의약품 계약은 규모가 크고, 기간도 장기인 경우가 많습니다. 이런 의약품을 수주했다는 사실 자체가 위탁 생산 기업의 평판을 높여주고, 또 장기간 안정적으로 생산할 수 있게 하므로 큰 경쟁력이 될 수 있습니다.

연구·개발이 아닌, 제조 기반의 위탁 생산 기업이 얼마나 성장할지에 대해 의구심을 가진 분들도 있습니다. 그러나 새로운 방식의 치료제가 계속 등장하고 있고, 특히 생산하기가 까다로운 바이오의약품이 많아지면서 CMO/CDMO 시장은 지속적으로 커지고 있습니다.

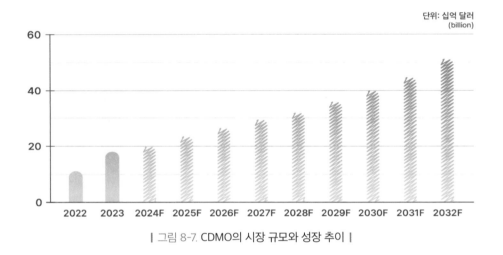

| 그림 8-7. CDMO의 시장 규모와 성장 추이 |

2. 대표 기업

대형 CMO/CDMO 기업은 손에 꼽을 정도로 적습니다. 글로벌 대표 위탁 생산 기업은 스위스의 론자(Lonza), 한국의 삼성바이오로직스와 SK팜테코, 중국의 우시앱테크(WuXi AppTec), 미국의 카탈란트(Catalent)입니다.

기업명(국가)	매출액 (억 달러)
론자(스위스)	72
우시앱테크(중국)	56
카탈란트	43
삼성바이오로직스(한국)	28
SK팜테코(한국)	12

| 표 8-1. 글로벌 대표 CMO/CDMO 기업과 2023년 매출액 |

론자는 바이오의약품의 CMO/CDMO 전문 기업으로 매년 100개 이상의 고객사와 300건 이상의 수주 계약을 체결하고 있습니다. 바이오의약품뿐 아니라 합성의약품과 세포·유전자 치료제도 위탁 생산할 수 있는 세계 최고 수준의 CDM/CDMO 기업입니다. 2023년, 항체 약물 접합체(ADC) 시장을 겨냥해 네덜란드의 ADC 바이오텍 시나픽스(Synaffix)를 인수했으며, 2024년에는 로슈의 바이오의약품 공장을 인수하면서 몸집을 지속적으로 키우고 있습니다.

삼성바이오로직스는 단일 사이트 기준으로 세계 최대 규모의 생산 시설을 보유하고 있는 글로벌 CDMO 기업입니다. 생산 용량은 보통 리터로 표시하는데,* 2025년 4월 완공 예정인 5공장이 더해지면, 784KL로 세계 최대의 생산 능력을 확보하게 됩니다. 항체 의약품과 항체 약물 접합체(ADC) 등의 바

---

* 세포 배양액을 비롯해 의약품 생산에 사용되는 많은 재료가 액체로 되어 있어서 리터를 단위로 씁니다.

이오의약품을 주력으로 생산하며 화이자부터 일라이 릴리, 로슈, BMS까지 100개 이상의 글로벌 기업과 파트너십을 맺고 있습니다.

SK팜테코는 합성의약품 생산을 주력으로 합니다. 전체 의약품 중에서 합성의약품이 여전히 50% 이상을 차지하고 있지만, 성장세가 과거보다 더디다는 이유로 빅파마들은 합성의약품 공장을 매각하고 있으며, CMO/CDMO들도 바이오의약품으로 눈길을 돌리고 있습니다. SK팜테코는 미국과 유럽의 CMO/CDMO 공장들을 인수하여 글로벌 CMO/CDMO 기업으로 도약하는 데 성공했으며 빅파마들과의 합성의약품 수주 계약을 지속적으로 체결하고 있습니다. 최근에는 프랑스의 이포스케시(Yposkesi)를 인수하여 바이오의약품 CMO 사업에 진출했습니다.

우시앱테크는 중국의 대표 CDMO 기업으로 지금까지는 잘 성장해왔지만, 앞으로의 상황은 녹록지 않습니다. 미국이 중국 바이오 기업과의 거래를 제한하는 생물보안법(Biosecure act)의 제정을 추진하면서 안정적인 생산을 원하는 빅파마들이 중국 CDMO와의 거래를 꺼리고 있기 때문입니다. 생물보안법으로 인해 삼성바이오로직스를 비롯한 비중국 기업들의 수혜가 예상되고 있습니다.

위탁 생산 분야에서 규모가 작은 기업, 새로이 진입한 기업은 어떻게 살아남을 수 있을까요? 대형 CMO/CDMO 기업들은 소량 주문을 받지 않습니다. 그래서 이미 천문학적으로 시장 규모가 큰 합성의약품이나 항체 의약품을 주로 생산합니다. 반면 이제 막 떠오르는 세포·유전자 치료제와 같은 분야에서는 많은 수량이 필요하지 않으므로 레퍼런스만 있다면 작은 규모의 CMO/

CDMO 기업도 도전해 볼 수 있습니다. 좋은 예시로는 한국의 에스티팜이 있습니다.

뉴클레오타이드(Nucleotide)는 DNA와 RNA의 기본 구성 단위로 여러 개의 뉴클레오타이드가 연결된 것을 올리고 뉴클레오타이드라고 합니다. 올리고 뉴클레오타이드를 활용하면 유전자 치료제와 항바이러스제 등을 만들 수 있습니다.

에스티팜은 과거부터 뉴클레오타이드와 관련된 레퍼런스를 쌓아왔습니다. 길리어드(Gilead)의 C형 감염 치료제인 소발디(Sovaldi)를 필두로, 노바티스의 렉비오(Leqvio), 제론(Geron)의 이메텔스타트(Imetelstat)에 이르기까지 뉴클레오타이드 기반의 수주를 꾸준히 체결해왔죠. 이후 RNA 기반 치료제와 항바이러스제 분야가 고성장하면서 현재는 뉴클레오타이드 원료 공급의 선두 주자로 자리매김하였습니다.

의약품의 품질 관리와 유통

1. 의약품 품질 관리

완성된 의약품은 까다로운 검사를 통과해야 시중에 유통될 수 있습니다. 이러한 검사에도 많은 인력과 시간이 투입되므로 위탁 대행을 해주는 기업들이 있습니다.

앞서 살펴본 아이큐비아와 유로핀스 사이언티픽(Eurofins Scientific), 에

스지에스(SGS)가 대표적입니다. 아이큐비아는 데이터베이스를 기반으로 의약품의 품질 관리를 지속적으로 모니터링해줍니다. 많은 기업이 아이큐비아의 플랫폼을 이용하고 있죠. 유로핀스 사이언티픽과 에스지에스는 글로벌 규제 요건에 맞춰 의약품의 품질과 효능을 확인하고 인증 절차를 통해 효력을 검증해 주는 서비스를 제공합니다.

2. 의약품 유통

의약품, 그중에서도 특히 바이오의약품은 보관·운송 조건이 매우 까다롭습니다. 이러한 조건에 맞춰 보관·운송의 위탁을 대행해주는 기업들이 있습니다. 메케슨(McKesson), 아메리소스버겐(AmerisourceBergen), 월그린 부츠 얼라이언스(Walgreens Boots Alliance)가 대표적입니다.

메케슨은 의약품, 의료 용품 및 관리 도구를 유통합니다. 북미에서 사용되는 의약품의 약 1/3을 메케슨이 유통하고 있습니다. 이 외에도 병원, 약국, 환자에게 디지털 의료 서비스를 제공하는 헬스케어 플랫폼을 운영하고 있습니다. 아메리소스버겐도 의약품을 유통합니다. 메케슨과 의약품 공급망 플랫폼(MediLedger Network)을 함께 구축하여 사용하고 있습니다. 월그린스 붓츠 얼라이언스는 미국과 유럽에서 가장 큰 약국 체인으로 월그린과 얼라이언스 부츠가 합병하여 탄생했습니다. 자회사 및 파트너십을 통해 의약품 유통 사업도 영위하고 있습니다.

국가별
경쟁력

지금까지 책에서 다뤘던 블록버스터 신약과 대표 기업을 정리하면 다음과 같습니다. 이를 바탕으로 국가별 경쟁력을 살펴보겠습니다.

분야	치료제(대표 제품)	기업	국가
폐암	타그리소(오시머티닙)	아스트라제네카	영국
유방암	허셉틴(트라스트주맙)	제넨텍*	스위스

* 스위스 기업인 로슈가 미국 기업인 제넨텍을 인수하였으므로, 스위스 기업으로 표기했습니다.

유방암	엔허투 (트라스트주맙 데룩스테칸)	아스트라제네카	영국
		다이이찌산쿄	일본
흑색종	키트루다(펨브롤리주맙)	머크	미국
백혈병(만성 골수성)	글리백(이매티닙)	노바티스	스위스
백혈병(급성 림프구성)	킴리아(티사젠렉류셀)	노바티스	스위스
대장암	아바스틴(베바시주맙)	제넨텍	스위스
	얼비툭스(세툭시맙)	Merck KGaA, BMS	독일, 미국
전립선암	자이티가(아비라테론 아세테이트)	얀센	미국
특정 기술 보유	항체 약물 접합체(ADC)	다이이찌산쿄	일본
		리가켐바이오	한국
	정맥 주사(IV) → 피하지방 주사(SC)	할로자임	미국
		알테오젠	한국
	이중항체 플랫폼	에이비엘바이오	한국
자가면역질환	휴미라(아달리무맙)	애브비	미국
	엔브렐(에타너셉트)	암젠	미국
	레미케이드(인플릭시맙)	존슨앤존슨	미국
	스텔라라((우스테키누맙)	존슨앤존슨	미국
백신 - 코로나	코미나티(토지나메란)	화이자	미국
백신 - 자궁경부암	가다실	머크	미국
백신 - 대상 포진	신그릭스	GSK	영국
백신 - 폐렴 구균	프리브나	화이자	미국
비만 / 당뇨	삭센다 / 오젬픽	노보 노디스크	덴마크
	젭바운드 / 마운자로	일라이 릴리	미국
바이오시밀러	자릭소(필그라스팀)	산도즈	스위스
	램시마SC	셀트리온	한국

CRO	임상시험 대신 수행	아이큐비아	미국
	실험 동물 제공	찰스 리버 래버러토리즈	미국
실험 도구 및 장비	실험 도구 및 소모품	써모 피셔 사이언티픽	미국
		다나허	미국
CMO/CDMO	위탁 개발 생산	론자	스위스
		우시앱택	중국
		카탈란트	미국
		삼성바이오로직스	한국
의약품 품질 관리	의약품 품질 모니터링	아이큐비아	미국
	품질과 효능 확인	유로핀스 사이언티픽	룩셈부르크
		에스지에스	스위스
의약품 유통(공급망)	유통 및 관리	매케슨	미국
		아메리소스 버겐	미국
		월그린스 붓츠 얼라이언스	미국
체외 진단*	진단기기	로슈	스위스
		애보트	미국
		씨젠 외	한국
	연속혈당측정기	덱스콤	미국
체내 진단	AI 솔루션	래드넷	미국
		GE 헬스케어	미국
AI 신약 개발	AI 신약 개발	리커전 파마	미국
	AI 플랫폼 제공	슈뢰딩거	미국
	AI 신약 개발 & 플랫폼 제공	아이소모픽	미국

| 표 8-2. 블록버스터 신약과 분야별 대표 기업 |

* 체외 진단부터는 뒤에서 배웁니다.

미국

미국은 신약 개발을 비롯해 제약·바이오 산업의 모든 분야에 걸쳐 압도적인 경쟁력을 갖추고 있습니다. 글로벌 헬스케어 시장에서 약 40%의 점유율을 차지하고 있죠. 미국의 제약·바이오 산업이 곧 글로벌 제약·바이오 산업이라고 불리는 이유입니다. 이는 연구·개발(R&D)에 투자하는 비용만 봐도 알수 있습니다. 2023년 기준, 머크의 매출액은 약 600억 달러(78조 원)입니다.

회사 이름	2023년 매출(USD)	2023년 R&D 지출(USD)	R&D 비율(%)
머크(미국)	60,115,000,000	30,531,000,000	51
로슈(스위스)	49,643,811,220	14,733,971,505	30
노바티스(스위스)	45,440,000,000	13,672,000,000	30
일라이 릴리(미국)	34,124,000,000	9,313,400,000	27
베링거 인겔하임(독일)	22,471,235,800	5,646,474,000	25
아스트라제네카 (영국)	45,811,000,000	10,935,000,000	24
존슨앤존슨(미국)	54,759,000,000	11,963,000,000	22
BMS(미국)	45,006,000,000	9,299,000,000	21
GSK(영국)	37,728,032,000	7,741,412,000	21
길리어드 사이언스(미국)	27,281,000,000	5,718,000,000	21
사노피(프랑스)	38,474,800,000	7,277,677,600	19
화이자(미국)	58,500,000,000	10,679,000,000	18
애브비(미국)	54,318,000,000	7,675,000,000	14

∣ 표 8-3. 매출액 상위 기업의 R&D 비용 ∣

그런데 R&D 비용으로 300억 달러(39조 원)를 지출했습니다. 매출액의 50%에 달하는 비용을 R&D에 투자한 것입니다. 이는 국내 모든 제약·바이오 기업의 R&D 비용을 합친 것보다 더 많은 금액입니다. 다른 미국 기업들의 R&D 비용까지 더하면 그 어떤 국가도 단기간 내에 미국의 경쟁력을 따라잡기는 어려울 것으로 보입니다.

유럽

글로벌 헬스케어 시장에서 미국 다음으로 큰 곳은 단연 유럽입니다. 스위스(로슈, 노바티스), 영국(아스트라제네카, GSK), 프랑스(사노피), 독일(베링거 인겔하임), 덴마크(노보 노디스크) 등의 유럽 국가들이 글로벌 규모의 제약·바이오 기업을 보유하고 있습니다. 이 기업들의 R&D 비용만 보더라도 역량이 엄청나다는 것을 알 수 있습니다.

민간 보험에 의존하는 미국에서는 약값이 비쌉니다. 반면, 공공 의료 서비스가 중심인 유럽은 약값이 저렴하죠. 일례로 당뇨병 치료제인 오젬픽은 미국에서 936달러에 처방하지만, 프랑스에서는 1/10도 채 안 되는 83달러에 처방할 수 있습니다. 약값을 저렴하게 유지하기 위해서는 바이오시밀러와 같은 복제약이 있어야 합니다. 그래서 유럽 각국의 정부는 바이오시밀러에 대해 호의적입니다. 바이오시밀러 기업들이 유럽 시장에 적극적으로 진출하는 이유입니다.

한국

한국은 바이오시밀러와 CMO/CDMO 분야에서 세계적인 경쟁력을 갖추고 있습니다. 셀트리온은 2012년, 세계 최초로 항체 바이오시밀러인 램시마를 출시한 이래 바이오시밀러 분야를 선도하고 있으며, 삼성바이오로직스는 세계 최고 수준의 생산 능력을 바탕으로 CMO/CDMO 시장의 패권을 다투고 있습니다.

이 외에도 항체 약물 접합체(ADC)와 제형 변경, 이중항체 등 특정 기술 영역에서 글로벌 빅파마와의 독점 계약 및 대규모 기술 이전 계약이 체결되면서 리가켐바이오, 알테오젠, 에이비엘바이오와 같은 기업이 두각을 드러내고 있습니다. 또한 코로나19 팬데믹을 거치며 체외 진단 기기 분야도 가파르게 성장하고 있죠. 최근에는 SK바이오팜의 엑스코프리와 유한양행의 레이저티닙처럼 FDA의 승인을 받은 신약이 등장하면서 블록버스터 신약 탄생에 대한 기대감도 커지고 있습니다.

과거에는 바이오시밀러나 CMO/CDMO와 같은 제조 기반의 기업들이 국내 제약·바이오 산업을 이끌었다면 요즘은 신약 개발이나 다양한 의약품에 적용할 수 있는 기술을 보유한 플랫폼 기업 위주로 성장세가 두드러지고 있습니다.

일본과 중국

　일본의 대표 제약·바이오 기업으로는 크론병과 과민성 대장염 등 염증성 장 질환 치료제인 엔비티오(Entyvio, 베돌리주맙)를 개발한 다케다 제약(Takeda Pharmaceutical Company)과 유방암 치료제인 엔허투를 개발한 다이이찌산쿄가 있습니다. 일본의 제약·바이오 산업은 대기업 중심으로 이루어져 있으며, M&A를 통해 해외 진출을 적극적으로 모색하고 있습니다. 일례로, 다케다 제약은 2011년에 스위스의 제약회사인 니코메드(Nycomed)를 137억 달러(17조 8천억 원)에 인수했으며, 2019년에는 아일랜드에 본사를 둔 글로벌 제약회사인 샤이어(Shire)를 615억 달러(약 79조 원)에 인수한 바 있습니다. 전체적으로 새로운 기술력을 갖춘 제약·바이오 기업이 탄생하기보다는 기존에 잘하던 대기업이 계속 잘하는 구조에 가깝습니다.

　중국의 대표 제약·바이오 기업으로는 항서 제약(Hengrui Medicine)과 코로나19 백신으로 유명한 시노팜(Sinopharm), CDMO 기업인 우시앱테크와 자회사 우시바이오로직스(WuXi Biologics) 등이 있습니다. 최근 미국에서 생물보안법 제정이 추진되면서 우시앱테크와 우시바이오로직스가 큰 타격을 받고 있으며, 전체적으로 중국 바이오 기업들의 상황이 좋지 않습니다. 임상시험을 할 때도 중국 환자가 너무 많이 포함되거나 중국 내 임상시험이 지나치게 많으면 FDA와 EMA에서 승인해주지 않는 경우가 더러 있습니다. 그러나 이러한 어려움과는 별개로 글로벌 빅파마들은 중국 바이오 기업과 기술 이전(라이선스) 계약을 체결하거나 중국 바이오 기업을 대상으로 꾸준히 인수합병을 추진하고 있습니다.

중국은 내수만으로도 성장할 수 있는 국가인 만큼 지금의 어려움을 잘 극복하면 향후 크게 도약할 수 있을 것으로 예상됩니다.

진짜 하루만에 이해하는 제약·바이오 산업

1. 발견 단계와 개발 단계의 분업 체계

제약·바이오 산업은 분업화가 잘 되어 있습니다. 단계별로 전문화된 분야들을 살펴보겠습니다.

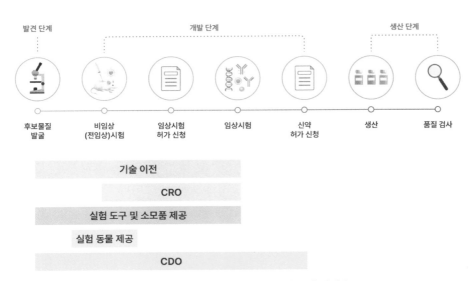

┃ 그림 8-8. 발견·개발 단계의 산업의 분업 체계 ┃

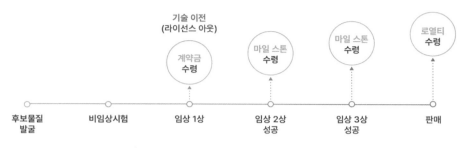

| 그림 8-9. 기술 이전 단계별 수익 |

- **기술 이전**: 후보물질과 기술을 다른 기업에게 판매하는 것을 말합니다. 총 금액의 약 5~10%를 계약금(#선급금)으로 받으며, 이후에는 단계를 통과할 때마다 마일 스톤(추가 금액)을 수령합니다. 그리고 판매가 시작되면 판매 금액의 일정 비율을 로열티로 받습니다. 하지만 이전한 기술이 임상시험을 통과하지 못하거나 후보물질에 이상 투자할 가치가 없다고 판단되면 기술이 반환되며 이런 경우에는 계약금(선급금, 반환하지 않아도 되는 금액)과 지금까지 수령한 마일 스톤이 최종 수익금이 됩니다.
- **임상시험 수탁기관(CRO)**: 임상시험을 대신 수행합니다. 대표 기업은 아이큐비아입니다.
- **실험 도구 및 소모품 제공**: 임상시험에는 여러 실험 도구와 소모품, 그리고 분석 장비가 필요합니다. 도구, 부품, 장비를 생산하는 대표 기업은 써모 피셔 사이언티픽과 다나허입니다.
- **실험 동물 제공**: 동물 실험을 진행하기 위해서는 설치류를 비롯한 다양한 동물이 필요합니다. 찰스 리버 랩은 세계 1위의 전임상시험 CRO 기업으로 전임상

시험 CRO 사업과 더불어 실험 동물 생산 사업도 영위하고 있습니다.

- **위탁 개발:** 발견 단계와 개발 단계에 필요한 여러 가지 일을 대신 수행합니다. 보통 CDMO 기업이 CDO 서비스를 함께 제공합니다.

2. 생산 단계의 분업 체계

위탁 생산은 크게 CMO와 CDMO로 나뉩니다. 연구·개발에는 참여하지 않고, 완제품의 생산만 담당하는 분야는 CMO, 후보물질 발굴부터 연구·개발, 완제품의 생산에 이르는 전 과정을 담당하는 분야는 CDMO입니다. 대표적인 기업으로는 스위스의 론자, 한국의 삼성바이오로직스와 SK팜테코, 중국의 우시앱테크, 미국의 카탈란트가 있습니다.

의약품의 검사와 품질 관리도 위탁 대행을 해주는 기업들이 있습니다. 아아큐비아와 유로핀스 사이언티픽, 에스지에스가 대표적입니다. 또한, 의약품은 보관·운송 조건이 까다로워 메케슨, 아메리소스버겐, 월그린 부츠 얼라이언스

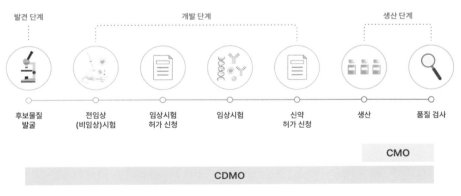

| 그림 8-10. 생산 단계의 분업 체계 |

등의 기업이 유통을 대행하고 있습니다.

3. 국가별 경쟁력

미국은 신약 개발을 비롯해 제약·바이오 산업의 모든 분야에 걸쳐 압도적인 경쟁력을 갖추고 있습니다. 매년 막대한 비용을 연구·개발에 쏟아붓고 있어 그 어떤 국가도 단기간 내에 미국의 경쟁력을 따라잡기는 어려울 것으로 보입니다.

유럽은 미국 다음으로 큰 시장을 형성하고 있으며, 스위스(로슈, 노바티스), 영국(아스트라제네카, GSK), 프랑스(사노피), 독일(베링거 인겔하임), 덴마크(노보 노디스크) 등의 국가들이 글로벌 규모의 제약·바이오 기업을 보유하고 있습니다. 시장 규모가 크고, 약값이 미국보다 저렴해 바이오시밀러 기업들이 적극적으로 진출하고 있습니다.

한국은 바이오시밀러(셀트리온)와 CMO/CDMO 분야(삼성바이오로직스, SK팜테코)에서 세계적인 경쟁력을 갖추고 있습니다. 또, 항체 약물 접합체(리가켐바이오), 제형 변경(알테오젠), 이중항체(에이비엘바이오) 등 특정 기술 영역에서도 두각을 드러내고 있죠. 체외 진단 기기(씨젠 외) 분야도 성장세가 가파르며, 블록버스터 신약 탄생에 대한 기대감(SK바이오팜, 유한양행)도 커지고 있습니다.

일본은 다케다 제약과 다이이찌산쿄 등 대기업 위주로 제약·바이오 산업이 형성되어 있으며 M&A를 통해 해외 진출을 적극적으로 모색하고 있습니다.

중국의 대표 기업으로는 항서 제약, 시노팜, 우시앱테크 등이 있는데, 미국과의 갈등으로 기업들의 상황이 좋지 않습니다. 그러나 이러한 어려움에도 글로벌 빅파마들은 중국 바이오 기업과 기술 이전 계약을 체결하거나 중국 바이오 기업을 대상으로 인수합병을 추진하고 있습니다. 중국은 내수만으로도 성장이 가능한 만큼 지금의 위기를 잘 극복하면 향후 크게 도약할 수 있을 것으로 예상됩니다.

1. 국내 기업의 기술 이전 사례

대규모 기술 이전을 중심으로 살펴보겠습니다.

2015년, 한미약품은 연이어 기술 이전에 성공합니다. 특히, 바이오의약품의 약효 지속 시간을 늘려주는 독자 기술인 랩스커버리를 적용한 당뇨 신약 파이프라인을 사노피에 약 5조 원 규모로 이전하는 데 성공하면서 국내 주식 시장에서 기술 이전 붐을 일으켰습니다. 기술 이전이 연달아 성공하며 한미약품의 주가는 2015년 한 해에만 무려 6배가 오릅니다.

기술 이전 연도	기술(후보물질)	총 계약 규모	확정 계약금	기술 이전 기업
2015년 3월	포지오티닙 (표적 항암제 후보물질)	비공개	비공개	스펙트럼 파마슈티컬스 (Spectrum Pharmaceuticals)
2015년 4월	포셀티닙 (자가면역질환 치료제)	6억 9천만 달러 (약 8,900억 원)	5천만 달러 (약 650억 원)	일라이 릴리

2015년 7월	올무티닙 (내성 표적 항암 신약)	7억 3천만 달러 (약 9,400억 원)	5천만 달러 (약 650억 원)	베링거 인겔하임
2015년 11월	당뇨 신약 파이프라인	39억 유로 (약 5조 4천억 원)	4억 유로 (약 5,600억 원)	사노피
2015년 11월	HM12525A (당뇨 신약 후보물질)	9억 1,500만 달러 (약 1조 1,800억 원)	1억 5천만 달러 (약 1,950억 원)	얀센
2015년 11월	올무티닙 (내성 표적 항암 신약)	8,500만 달러 (약 1,100억 원)	700만 달러 (약 91억 원)	자이랩(Zai Lab)
2016년 9월	HM95573 (표적 항암제)	9억 1,000만 달러 (약 1조 1,800억 원)	8,000만 달러 (약 1,040억 원)	제넨텍

‖ 표 8-4. 2015년~2016년 한미약품의 기술 이전 사례 ‖

그러나 아쉽게도 이전했던 대부분의 기술과 후보물질이 추가 임상시험에 실패하면서 몇 년 뒤 기술이 반환됩니다. 처음 받았던 확정 계약금을 제외하고 추가 마일스톤 등은 받을 수가 없었던 것이죠. 다만, 기술이 반환되었다고 해서 해당 기술이 완전히 없어지는 것은 아닙니다. 일라이 릴리가 반환했던 포셀티닙은 2021년에 국내 바이오 기업인 지놈 오피니언과 공동 개발 계약을 체결하고 림프종 환자를 대상으로 임상 2상을 진행하고 있으며, 얀센이 반환한 HM12525A는 2020년, 비알콜성 지방간염(NASH) 치료제로 적응증을 변경해 1조 원대 규모로 머크에 다시 기술을 이전하는 데 성공합니다.

알테오젠은 정맥 주사(IV) 제형을 피하지방 주사(SC) 제형으로 변경하는 기술을 보유하고 있습니다. 2019년, 글로벌 10대 제약사 중의 한 곳과 SC 제형 변경 기술 이전 계약을 체결하였고(총 1조 6천억 원 규모), 다음 해 이를 6개 품목으로 확장하는 계약(총 4조 7천억 원 규모)을 체결합니다. 당시에는 어느 기업과 계약을 체결했는지가 공개되지 않았는데, 2024년 정정 공시를 통해 키트루다를 개발한 머크인 것으로 밝혀졌습니다. 즉, 머크가 키트루다를 SC 제형으로 변경하기 위해 알테오젠과 기술 이전 계약을 체결한 것입니다. 2022년에는 글로벌 바이오시밀러 기업인 산도즈와 1개 품목에 대한 SC 제형 변경 기술 이전 계약을 체결합니다(총 1,840억 원 규모). 그리고 2024년, 기존 계약을 해지하고 다수의 품목을 대상으로 하는 약 1조 원 규모의 신규 계약을 체결하죠. 여러 빅파마와 레퍼런스를 쌓은 만큼 앞으로도 기술 이전 계약이 꾸준히 체결될 것으로 기대되고 있습니다.

에이비엘바이오는 뇌혈관 장벽(Blood-Brain Barrier, BBB)을 투과하는 기술(ABL301)을 보유하고 있습니다. 2022년, 비임상 단계인 ABL301의 개발 및 상업화 권리를 사노피로 이전하는 계약을 체결했습니다. 총 계약금 1조 3천억 원에 확정 계약금 900억 원, 바로 입금되는 단기 마일 스톤이 540억 원에 달하는 대규모 계약이었죠. 에이비엘바이오의 기술 이전은 원숭이 실험 후 바로 확정되었는데, 통상 뇌 질환과 관련한 기술 이전은 원숭이 실험 이후에 이루어지는 경우가 많다는 점도 함께 알아두면 좋습니다.

리가켐바이오는 항체 약물 접합체(ADC) 분야에서 항체(A)와 약물(D)을 연결하는 링커(C) 관련 기술을 보유하고 있습니다. 2022년, ADC 플랫폼을 암젠에 기술 이전하였으며, 2023년에는 고형암 항암제인 LCB84(TROP2-ADC)*를 임상 1상 단계에서 얀센에 기술 이전하는 데 성공합니다. 2025년부터 발표되는 얀센의 임상 데이터에 따라 리가켐바이오의 가치도 달라질 것으

---

*   TROP2(Trophoblast cell-surface antigen 2)를 표적으로 하는 항체-약물 접합체(ADC)입니다.

로 예상됩니다.

2. 분야별 국내 기업

본문에서 분야별 대표 기업을 소개해드렸습니다. 글로벌 기업을 기준으로 하다 보니, 규모가 너무 작거나 아직 초기 단계에 있는 국내 기업들은 제외되었는데, 국내 기업이 궁금한 분들을 위해 상장사 위주로 간략히 정리해보았습니다.

임상시험 수탁기관(CRO)

국내 CRO 기업으로는 씨엔알리서치와 드림씨아이에스, 에이디엠코리아, 디티앤씨알오가 있습니다.

- 씨엔알리서치: 임상시험 토탈 솔루션을 제공합니다. 국내 CRO 시장 점유율 1위, 임상시험 수주 1위를 차지하고 있습니다.
- 드림씨아이에스: 의약품 시판 후 조사(rPMS)를 주력으로 하며, 임상시험과 관련된 서비스도 제공합니다.
- 에이디엠코리아: 임상시험 대행용역(Clinical Trial) 서비스를 제공합니다.
- 디티앤씨알오: 비임상 단계부터 임상 단계까지 커버하는 Full Service CRO 기업입니다. FDA에 비임상 자료를 제출할 때는 SEND라는 표준화된 형식을 갖춰야 하는데, 이 형식을 맞춰주는 솔루션을 자체적으로 개발한 바 있습니다.

실험 도구 및 소모품 제공

- **대정화금**: 진단, 분석, 특수 시험 등에 쓰이는 각종 시약을 생산합니다.

- **서린바이오**: 바이오 연구 및 생산에 필요한 시약, 재료, 기기 등을 토탈 솔루션 형태로 제공합니다.

- **큐리옥스바이오시스템즈**: 세포 분석 공정을 자동화하는 장비를 생산합니다. 아직 상용화 초기 단계이지만, 세포·유전자 치료제 시장이 커짐에 따라 동사의 장비가 중요한 역할을 할 것으로 기대되고 있습니다.

- **아미코젠**: 세포 배양 배지와 레진* 사업을 영위하고 있습니다.

- **마이크로디지탈**: 세포 배양 기기를 생산하는 기업으로, 일회용 세포 배양 시스템 기술을 보유하고 있습니다.

- **엑셀세라퓨틱스**: 세포 배양 배지를 제조합니다.

실험 동물 제공

- **오리엔트바이오**: 실험 동물 사업과 의료 및 실험 장비 사업을 영위하고 있습니다.

CMO/CDMO

- **바이넥스**: 점안제 등의 의약품을 생산하며(총 매출의 60%), 바이오의약품 CDMO 사업을 함께 영위하고 있습니다. 중소형 CDMO 기업으로 초도 상업물

---

* 크로마토그래피 레진을 의미하며, 생물학적 물질(ex. 단백질, 항체)을 분리·정제하는 데 쓰입니다.

량을 주로 공급합니다.

- **롯데바이오로직스**: 롯데 그룹의 비상장 CMO/CDMO 기업입니다. 2022년 말에 BMS의 뉴욕 공장을 인수하면서 CDMO 시장에 진출했으며, 2030년까지 송도 바이오 캠퍼스에 약 4.5조 원을 투자해 경쟁력을 확보할 계획입니다. 현재 제1 공장을 착공하였으며, 2027년 1월 가동을 목표로 하고 있습니다.

의약품 품질 관리와 유통

- **에스엘에스바이오**: 의약품 품질 검사와 신약 개발 지원 서비스를 제공합니다.
- **블루엠텍**: 온라인 의약품 유통 플랫폼인 블루팜코리아(BluePharmKorea)를 통해 전문의약품을 판매합니다.

PART
09

진단과
AI 의료

진단 분야는 제약·바이오 산업과 밀접하게 관련되어 있습니다.

이번 장에서는 진단 분야를 살펴보고, 최신 트렌드인 AI 의료에

대해 공부합니다.

진단 시장의
이해

진단 분야는 크게 체외 진단과 체내 진단으로 나뉩니다. 체외 진단은 인체 외부에서 얻은 샘플(조직, 세포, 혈액, 소변, 대변, 타액 등)을 사용하여 질병을 진단하는 것을 말합니다. 국내 증시에 상장된 대부분의 진단 기업은 체외 진단 기기를 개발·판매하고 있습니다. 따라서 국내 뉴스나 애널리스트 리포트 등에서 다루는 진단 분야는 대체로 체외 진단이라고 이해하면 됩니다. 반면, 체내 진단은 X-ray, CT, 내시경, MRI 등을 통해 얻은 이미지를 분석해 질병을 해석하는 것을 말합니다. 최근 AI 의료와 접목하여 주목받고 있는 분야입니다.

앞에서 공부한 치료제는 질병에 걸린 후에 수요가 발생합니다. 질병에 걸렸으므로 많은 비용을 지불하더라도 의약품을 구매합니다. 하지만 진단 분야는 아프기 전 단계 혹은 체크를 하기 위한 단계에서 수요가 발생합니다. 아직 질병에 걸린 게 아니므로 굳이 높은 비용을 지불할 필요성을 못 느끼죠. 이런 이유로 진단 분야는 몇 가지 주요한 특성을 지닙니다.

먼저, 가격이 저렴해야 합니다. 진단 기기의 가격이 비싸면 사용자가 외면합니다. 하지만 진단 기기의 가격을 계속 낮추는 데는 한계가 있으므로 결국 정부의 지원이나 보험 적용 여부가 수요에 큰 영향을 미칩니다. 또 정확도와 속도 두 요소를 동시에 충족시켜야 합니다. 정확도가 떨어지면, 굳이 진단을 할 필요가 없고, 속도가 느리면 편의성이 떨어집니다. 따라서 정확하면서도 빨리 결과를 확인할 수 있어야 합니다.

최근 들어 질병 예방을 목적으로 정부의 지원이 확대되고 있고, 보험 적용도 과거보다 수월해지면서 진단 분야가 지속적으로 성장하고 있습니다. 특히, 의료 시설이 잘 갖춰지지 않은 개발 도상국에서는 말라리아나 지카바이러스와 같은 감염병이 창궐하기 쉬운데, 소형 진단 기기를 활용하면 저렴한 비용으로 진단 결과를 빨리 받아볼 수 있어 수요가 더욱 많습니다. 그럼 지금부터 체외 진단과 체내 진단을 자세히 알아보도록 하겠습니다.

체외 진단

체외 진단은 면역(화학) 진단, 분자 진단, 현장 진단, 자가혈당측정, 조직

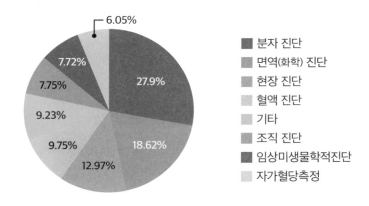

| 그림 9-1. 체외 진단 방식별 비중 |

진단, 혈액 진단 등으로 나뉩니다. 당뇨에서 살펴본 자가혈당측정 진단을 제외하고 나머지 진단을 살펴보겠습니다

1. 면역(화학) 진단

우리 몸은 질병에 걸리면 특정 항원을 인식하고, 이에 대응하는 항체를 생성합니다. 면역(화학) 진단은 항원과 항체의 반응을 이용해 질병의 유무를 확인하는 진단 방법입니다. 예를 들어, 코로나19 바이러스의 항원이 검출되었다면, 체내에 코로나19 바이러스가 침투했음을 알 수 있습니다. 면역(화학) 진단은 다양한 질병에 활용할 수 있는데, 특히 암 진단과 감염병 진단(ex. 코로나19, 말라리아)에 많이 쓰입니다. 정확도가 높고 빠른 속도로 결과물을 얻을 수 있어 분자 진단과 함께 가장 많이 활용되고 있습니다.

2. 분자 진단

분자 진단은 유전 정보가 담긴 DNA 또는 RNA를 분석하여 질병의 유무를 확인하는 진단 방법입니다. 면역(화학) 진단과 마찬가지로 다양한 질병에 활용할 수 있으며, 암 진단과 감염병 진단에서 주로 쓰입니다. 정확도가 매우 뛰어나고, 빠른 시간 내에 결과를 확인할 수 있어 여러 진단 방식 중에서 가장 많이 활용되고 있습니다.

분자 진단 기술은 크게 중합효소 연쇄 반응(Polymerase Chain Reaction, PCR) 방식과 차세대 염기서열 분석(Next-Generation Sequencing, NGS) 방식으로 나뉩니다. PCR 방식은 DNA나 RNA의 특정 구간을 수백만 배로 증폭하여 그 구간의 유전자를 분석하는 기술입니다. 속도가 빠르고, 분석 비용이 상대적으로 저렴하다는 장점이 있지만, 분석 범위가 제한적이기에 새로운 변이 등을 찾아내기가 어렵습니다. 주로 감염병을 진단할 때 활용합니다. 반면, NGS는 차세대 염기서열 분석법으로 수백만 개의 DNA 조각을 동시다발적으로 시퀀싱하여 분석하는 기술입니다. 개인의 유전 정보를 대량으로 분석해 포괄적이고 상세하게 진단할 수 있지만, 비용이 많이 들고 시간이 오래 걸린다는 단점이 있습니다. 주로 암 진단에서 쓰입니다.

3. 현장 진단

현장 진단(Point of Care Test, POCT)은 시설이 갖춰지지 않은 응급 현장 등에서 즉각적인 결과를 얻고 싶을 때 활용하는 진단 방법입니다. 심근경색 검사, 성병 진단, 임신 진단, 혈중 가스 농도 측정, 약물 중독 테스트 등이 있습

진짜 하루만에 이해하는 제약·바이오 산업

니다. 비용이 저렴하고 전문가가 아닌 일반인이 측정해도 큰 오류가 발생하지 않아 다양한 분야로 확대되고 있습니다.

4. 조직 진단

암과 같은 질병을 진단하기 위해 체내의 조직이나 세포를 채취하여 검사하는 것을 생검이라고 합니다. 생검은 크게 조직 생검과 액체 생검으로 나뉩니다.

조직 생검은 특정 부위의 조직을 직접 채취하여 분석하는 방법입니다. 바늘을 이용한 바늘 생검, 수술을 통한 절개 생검, 내시경을 이용한 내시경 생검이 대표적입니다. 조직 생검은 세포의 구조와 형태를 직접 관찰할 수 있어 정확도가 매우 높습니다. 이런 이유로 암을 진단할 때는 조직 생검을 우선으로 합니다. 다만, 침습적인 절차*로 인해 출혈, 감염, 통증 등의 합병증이 발생할 수 있고, 결과를 확인하기까지 시간이 오래 걸리며, 반복적으로 시행하기가 어렵다는 단점이 있습니다.

액체 생검은 혈액, 소변, 침 등의 체액을 통해 분석하는 방법입니다. 주로 혈액을 통해 이루어지며, 조직 생검이 어려운 암이나 충분한 양의 조직을 얻기 힘든 경우에 액체 생검을 진행합니다. 비침습적이고 반복적으로 시행할 수 있다는 장점이 있지만, 종양의 위치를 특정하기가 어렵고, 일부 암에만 적용할 수 있으며 진단의 정확도가 조직 생검보다 낮다는 단점이 있습니다.

---

* 신체의 내부에 도구를 삽입하거나 절개하는 방식을 말합니다.

정리하면, 조직 생검은 정확한 분석을 위해 필수적으로 진행하는 검사이고, 액체 생검은 추가적인 검사 혹은 지속적이고 반복적인 모니터링에 적합한 검사입니다. 두 방법은 환자의 상태와 진단 목적에 따라 상호 보완적으로 사용되고 있으며 암의 종류에 따라 알맞은 진단 방식을 선택하면 됩니다.

체외 진단 대표 기업

체외 진단 기기를 생산하는 대표 기업으로는 로슈와 애보트(Abbott), 지멘스 헬시니어스(Siemens Healthineers)가 있습니다. 로슈는 분자 진단과 조직 진단 분야에서 선도적인 기술력을 보유하고 있으며, 암, 면역질환, 감염질환 등의 분야에서 진단 기기와 치료제를 함께 개발하고 있습니다. 애보트는 당뇨에서 공부한 자가혈당측정 기기를 만듭니다. 지멘스 헬시니어스는 이미

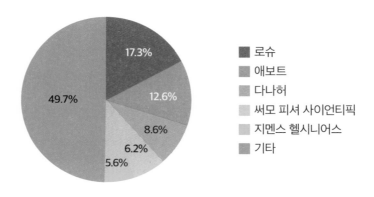

| 그림 9-2. 체외 진단 시장 점유율 |

징 기술과 디지털 헬스케어 솔루션을 결합한 진단 장비 시장에서 강력한 경쟁력을 갖추고 있습니다.

체외 진단 시장은 진입 장벽이 높습니다. 후발 주자인 국내 체외 진단 기업들이 설 자리가 많지 않았죠. 그러나 코로나19 팬데믹 기간에 엄청난 물량을 수출하면서 글로벌 시장에서 탄탄한 입지를 구축하는 데 성공합니다. 따라서 국내 기업들도 함께 알아두어야 합니다.

씨젠은 국내 1위의 PCR 진단 기업입니다. 코로나19 팬데믹 시기에 PCR 진단 기기를 해외로 수출하며 막대한 매출을 올렸습니다.

SD바이오센서는 면역 진단 분야에서 경쟁력을 갖추고 있습니다. 면역 진단 키트를 기반으로 하며, 신속 진단 테스트에서 높은 정확도를 보여준 바 있습니다. 코로나19 팬데믹 시기에 진단 키트를 수출하여 높은 매출을 올렸습니다. 이 외에도 수젠텍, 랩지노믹스 등이 진단 기기를 수출하여 큰 수익을 창출하였습니다.

지노믹트리는 PCR 기반의 액체 생검을 통해 대장암을 진단할 수 있는 암 진단 키트를 만듭니다. 현재 국내와 미국에서 건강보험 등재를 진행하고 있으며, 중국에서는 임상시험을 마치고 승인을 기다리고 있습니다. 이 외에도 방광암 진단 키트를 개발하여 식약처 신의료기술평가를 신청하였으며, 미국 의학협회로부터 의료 코드를 확보하여 2025년부터 판매할 예정입니다.

바이오다인은 자궁경부암 진단에 활용되는 액상 세포 진단(Liquid-Based Cytology, LBC)의 핵심 기술을 보유하고 있습니다. 2019년에 로슈에 기술 이전을 하여 650만 달러(약 84억 원)의 계약금을 받았으며, 2025년부터 제품 판매에 따른 로열티를 받을 수 있을 것으로 예상됩니다.

지니너스는 차세대 염기서열 분석(NGS)을 활용한 분자 진단을 주력으로 하며, 싱글셀 분석*을 통한 맞춤형 진단 역량을 보유하고 있습니다.

체내 진단

1. AI 체내 진단

체내 진단에서는 X-ray, CT, 내시경, MRI 등을 통해 얻은 이미지(영상)를 분석해 질병 유무를 파악합니다. 판독 오류가 발생하면 치료 시기를 놓칠 수 있으므로 정확도가 매우 중요합니다. 하지만 아쉽게도 일부 암은 체내 진단으로는 정확하게 판독하기가 어렵습니다. 또, 사람이 하는 일이다 보니 주관이 개입되거나 실수할 여지가 있으며, 의료 인력의 부족으로 인해 결과를 확인하는 데 오랜 시간이 걸리기도 합니다.

그래서 최근의 연구는 AI를 접목해 정확도와 속도를 높이는 방향으로 진행되고 있습니다. 실제 암에 걸린 사람의 체내 진단 이미지를 방대하게 모은 다음, 이를 AI에 보여주고 패턴을 학습시켜 AI가 이미지를 판독할 수 있도록 하는 것이죠. 이렇게 AI를 활용하면 정확도와 속도를 획기적으로 높일 수 있습니다. 최근 시장에서 주목받는 AI 진단 기업들은 대부분 AI 솔루션(프로그램)

---

* 단일 세포 수준에서 유전자의 발현량과 변화를 측정하는 기법

을 개발하는 기업을 말합니다.

체내 진단 대표 기업

대표적인 AI 솔루션 기업으로는 래드넷(RadNet)이 있습니다. 래드넷은 이미징 솔루션 기업으로 미국 내에 375개의 이미징 센터*를 운영하고 있습니다. 자사에서 운영 중인 이미징 센터를 통해 AI가 학습할 데이터를 확보한 후, 이 데이터를 기반으로 AI 솔루션을 개발하고, 이를 다시 자사의 이미징 센터에 적용하는 수직 계열화 체계를 구축하고 있습니다. AI 체내 진단 시장이 성장함에 따라 큰 수혜를 입을 것으로 예상됩니다.

또 다른 기업으로는 GE 헬스케어(GE healthcare, GEHC)가 있습니다. GE 헬스케어는 MRI, CT, X-ray 등의 영상 장비를 생산하는 기업으로, 전 세계의 병원과 검진 센터에 광범위한 네트워크를 보유하고 있습니다. 래드넷과 마찬가지로 자사 장비에서 얻은 데이터를 기반으로 AI 솔루션을 개발한 후, 이를 다시 자사의 장비에 적용할 수 있다는 강점이 있습니다.

앞서 언급한 것처럼 한국은 종합 병원의 수가 많고, 세계 최고 수준의 의료 서비스를 자랑합니다. AI가 학습할 수 있는 양질의 데이터를 대량으로 확

---

* 미국의 영상 촬영 전문 센터입니다. 종합 병원보다 더 저렴한 비용으로 빠르게 진단 결과를 받아볼 수 있습니다.

보하기가 좋은 환경이죠. 이런 이유로 AI 체내 진단 분야에서 국내 기업들이 두각을 나타내고 있습니다. 루닛은 영상 진단 이미지 분석 솔루션인 인사이트(INSIGHT)와 병리 진단* 이미지 분석 솔루션인 스코프(SCOPE)를 보유하고 있습니다. 현재 두 솔루션을 기반으로 GE 헬스케어, 후지 필름(Fujifilim), 가던트 헬스(Guardant Health) 등의 글로벌 기업과 협업하고 있으며, 2024년 5월에는 유방암 분석 솔루션 기업인 볼파라(Volpara)를 약 2,500억 원에 인수하며 미국 시장에 성공적으로 진출했습니다.

뷰노는 심정지 발생 위험도를 예측하는 AI 솔루션인 딥카스(DeepCARS)와 뇌 MRI를 분석해 뇌 질환 진단을 보조하는 AI 솔루션인 딥브레인(DeepBrain)을 보유하고 있습니다. 현재 딥 카스는 90개 이상의 국내 병원과 제휴하여 3만 개 이상의 병상과 연동되어 있으며, 딥 브레인을 기반으로 미국 시장 진출을 계획하고 있습니다.

이 외에도 뇌졸중 AI 솔루션을 제공하는 제이엘케이 등이 있습니다.

---

* 조직이나 세포를 채취해 그 특성을 분석, 질병의 원인과 상태를 파악하는 것을 병리 진단이라고 합니다.

AI 의료의
이해

AI와 제약·바이오의 만남

바야흐로 AI 시대입니다. 다양한 분야에서 AI를 접목해 성과를 높이고 있습니다. 제약·바이오도 예외가 아닙니다. AI와 제약·바이오의 만남을 AI 의료, AI 헬스케어, AI 바이오 등으로 표현하는데, 용어는 다르지만 모두 AI를 제약·바이오에 접목한 시도라고 이해하면 됩니다. 책에서는 AI 의료라는 용어로 통일해서 쓰겠습니다.

어느 분야이든 AI를 활용하면 시간과 비용을 줄이고, 정확도를 높일 수 있습니다. 이러한 장점은 제약·바이오의 여러 분야에서 활용될 수 있는데, 특히 신약 개발과 진단 분야에 효과적입니다. AI 진단은 위에서 살펴봤으니, 이번에는 AI 신약 개발을 공부해 보겠습니다.

AI 신약 개발

인간의 몸은 수십조 개의 세포로 이루어져 있습니다. 이 세포들이 서로 영향을 주고받으며 생명 활동을 영위합니다. 세포의 주성분은 단백질이므로 결국 서로 다른 단백질 간의 상호 작용으로 생명 활동이 영위되는 셈입니다. AI를 활용하면 단백질의 구조와 특징을 빨리 분석·예측해 후보물질 발굴 기간을 줄일 수 있습니다. 글로벌 제약·바이오 기업들이 신약 개발 단계에서 AI를 적극적으로 활용하는 이유입니다. 재미있는 건, AI에 강점이 있는 IT 기업들도 제약·바이오 분야에 뛰어들고 있다는 것입니다. 이는 그만큼 AI와 제약·바이오가 서로 시너지를 낼 수 있는 부분이 많음을 의미합니다.

AI 신약 개발은 크게 두 가지 유형으로 나눌 수 있습니다. 기업 내부에서 자체적으로 AI를 활용하는 유형과 AI 플랫폼을 만들어서 다른 기업이 활용할 수 있도록 솔루션(소프트웨어)을 제공하는 유형입니다. 후자는 AI 플랫폼을 이용하는 대가로 구독료를 받거나, 해당 플랫폼을 통해 후보물질 발굴에 성공하면 일정 금액을 받는 비즈니스 모델을 갖습니다. 따라서 최대한 많은 기업과 연구소가 해당 플랫폼을 사용하도록 하는 것이 핵심입니다.

대표 기업

AI 신약 개발과 관련된 대표 기업으로는 리커전 파마(Recursion Pharmaceuticals)와 슈뢰딩거(Schrödinger), 비상장 기업인 구글의 자회사 아이소모픽 랩스(isomorphic Labs)가 있습니다.

리커전 파마는 AI 플랫폼을 보유하고 있습니다. 이 플랫폼을 이용해 후보물질을 찾은 다음 자체적으로 임상시험을 진행하거나 발굴한 후보물질을 다른 기업에 판매(기술 이전)하는 사업을 영위합니다. 엔비디아로부터 5,000만 달러(650억 원)를 투자받았으며, 로슈, 바이엘과 같은 빅파마들과 후보물질 발굴 계약을 체결한 바 있습니다. 2024년에는 비슷한 사업 모델을 가진 또 다른 AI 플랫폼 기업인 엑센시아(Exscientia)를 흡수합병했습니다.

슈뢰딩거도 AI 플랫폼을 가지고 있습니다. 리커전 파마가 AI 플랫폼을 이용해 자체적으로 신약을 개발한다면, 슈뢰딩거는 다른 기업이 신약을 개발할 수 있도록 AI 플랫폼을 제공합니다. 규모가 작은 바이오 기업부터 BMS, 일라이 릴리, 다케다 제약과 같은 빅파마에 이르기까지 많은 기업이 슈뢰딩거의 플랫폼을 활용하고 있습니다.

아이소모픽 랩스는 구글 딥마인드가 개발한 단백질 구조 예측 인공지능 프로그램인 알파폴드(AlphaFold)를 기반으로 신약을 개발하는 AI 신약 기업입니다. AI 신약 개발과 관련해 일라이 릴리와 17억 4,500만 달러(약 2조 2,700억 원), 노바티스와 12억 3,750만 달러(약 1조 6천억 원)의 계약을 체결했으며, 여러 빅파마와 협력 관계를 이어가고 있습니다.

AI 신약 개발과 관련해 언급되는 국내 기업으로는 신테카바이오와 파로스아이바이오가 있습니다. 신테카바이오는 신약 개발 플랫폼을 보유하고 있으며, 다른 기업이 이 플랫폼을 이용해 신약을 개발할 수 있도록 소프트웨어를 제공합니다. 플랫폼 매출은 아직 미미한 수준이지만, JW중외제약, 비임상시험 전문 기관(CRO)인 제핏, 미국의 타깃 헬스(Target Health) 등과 MOU를 체결하면서 플랫폼을 확장하기 위해 노력하고 있습니다. 파로스아이바이오는 AI 신약 개발 플랫폼을 활용해 희귀·난치성질환 치료제를 개발합니다. 플랫폼을 활용해 발굴한 후보물질로 FDA의 희귀의약품 지정을 받는 데 성공한 바 있습니다. 이 외에도 보로노이와 JW중외제약이 자사 AI 플랫폼을 활용해 발굴한 후보물질을 기술 이전하는 데 성공했으며, 지니너스는 발굴한 후보물질의 임상시험을 앞두고 있습니다.

많은 AI 의료 기업이 현재 상장되어 있지 않거나 글로벌 대기업의 자회사 형태로 존재합니다. 앞으로 더 멋진 기업들이 세상에 모습을 드러낼 것으로 예상됩니다.

1. 진단 시장의 이해

진단 분야는 크게 체외 진단과 체내 진단으로 나뉩니다. 체외 진단은 인체 외부에서 얻은 샘플(조직, 세포, 혈액, 소변, 대변, 타액 등)을 사용하여 질병을 진단하는 것을 말합니다. 면역(화학) 진단, 분자 진단, 현장 진단, 자가혈당측정, 조직 진단 등이 대표적인 체외 진단입니다.

체외 진단	진단 방식
면역(화학) 진단	항원과 항체의 반응을 이용해 질병의 유무를 확인하는 진단 방법
분자 진단	DNA 또는 RNA를 분석해 질병의 유무를 확인하는 진단 방법
현장 진단	시설이 갖춰지지 않은 응급 현장 등에서 즉각적인 결과를 얻고 싶을 때 활용하는 진단 방법
자가혈당측정	당뇨 환자의 혈당을 측정
조직 진단	체내의 조직이나 세포를 채취하여 질병 유무를 확인하는 진단 방법 (조직 생검, 액체 생검)

| 표 9-1. 체외 진단 방식의 유형 |

체외 진단 기기를 생산하는 대표 기업은 애보트, 로슈, 지멘스 헬시니어스입니다. 국내 기업으로는 씨젠, SD바이오센서, 수젠텍, 랩지노믹스 등이 있습니다. 지노믹트리는 대장암 진단 키트를 만들고, 바이오다인은 액상 세포 진단의 핵심 기술을 보유하고 있습니다. 지니너스는 차세대 염기서열 분석을 활용한 분자 진단을 주력으로 합니다.

체내 진단은 X-ray, CT, 내시경, MRI 등을 통해 얻은 이미지를 분석해 질병을 해석하는 것을 말합니다. 최근 AI 의료와 접목하여 주목받고 있는 분야입니다. AI 솔루션을 개발하는 기업으로는 래드넷과 GE 헬스케어가 있으며, 국내에서는 루닛과 뷰노, 제이엘케이 등이 AI 솔루션을 개발합니다.

2. AI 의료의 이해

AI를 활용하면 단백질의 구조와 특징을 빨리 분석·예측해 후보물질 발굴 기간을 줄일 수 있습니다. 글로벌 제약·바이오 기업들이 신약 개발 단계에서 AI를 적극적으로 활용하는 이유입니다

AI 신약 개발은 기업 내부에서 자체적으로 AI를 활용하는 유형과 AI 플랫폼을 만들어서 다른 기업이 활용할 수 있도록 소프트웨어를 제공하는 유형으로 나뉩니다. AI 신약 개발과 관련된 글로벌 기업으로는 리커전 파마, 슈뢰딩거, 아이소모픽 랩스가 있으며, 국내 기업으로는 신테카바이오와 파로스아이바이오가 있습니다.

한 걸음 더! ...

1. 클리아랩이란 무엇인가요?

코로나19 팬데믹 시기에 국내 기업들이 미국 시장에 체외 진단 기기를 수출해 막대한 매출을 올렸다고 말씀드렸습니다. 그런데 미국에 진단 기기를 판매하기 위해서는 FDA의 승인을 받아야 합니다. FDA 승인은 비용도 문제지만 무엇보다 시간이 오래 걸려서 단기간에 획득하기가 어려운데 이 문제를 어떻게 해결한 것일까요? 비밀은 바로 클리아랩(Clinical Laboratory Improvement Amendments, CLIA)에 있습니다.

클리아랩은 인체 검체를 이용하는 임상 실험실의 품질을 보증하기 위한 미국 정부의 인증 프로그램입니다. 우리나라에서는 병원에서 진단과 치료를 모두 진행하지만, 미국의 병원들은 비용 절감과 효율성을 위해 진단을 외부 수탁기관에 맡깁니다. 이때 외부 수탁기관은 연방 정부로부터 반드시 클리아랩 인증을 받아야 하는데, 클리아랩 인증을 받으면 자체적으로 개발한 진단 기기를 사용할 수 있습니다. 즉, FDA의 인증을 받지 않은 진단 기기를 사용할

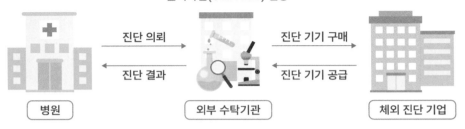

클리아랩(CLIA Lab) 인증

진단 의뢰 → 진단 기기 구매 →

진단 결과 ← 진단 기기 공급 ←

병원 　　　　외부 수탁기관 　　　　체외 진단 기업

❘ 그림 9-3. 외부 수탁기관을 이용하는 미국 병원의 체외 진단 방식 ❘

수 있습니다.

국내 기업들은 클리아랩 인증을 받은 외부 수탁기관과 인프라를 구축하거나 아예 이러한 기관을 인수하는 방식으로 FDA의 승인을 우회하여 체외 진단 기기를 수출할 수 있었습니다. 지금은 이 방식이 체외 진단 기업들이 미국 시장에 진출하는 하나의 루트가 되었습니다. 다만, 클리아랩 인증을 받은 외부 수탁기관의 규모가 천차만별이고 보험 적용 여부도 중요하기 때문에 미국에 외부 수탁기관을 많이 확보했다고 해서 무조건 좋은 것은 아닙니다. 더욱이 이 방식은 FDA가 규제를 유예하고 있기에 가능한 것인데, 최근 규제를 강화하려는 움직임이 있어 주의해야 합니다.

2. 제약·바이오에 진심인 빅테크, 엔비디아

AI가 제약·바이오 분야에서 큰 역할을 할 수 있다는 것이 알려지면서 AI에 강점을 지닌 IT 기업들이 제약·바이오 시장에 적극적으로 뛰어들고 있습니다. 여러 IT 기업 중에서 제약·바이오에 가장 진심인 기업은 단연 엔비디아입니다.

엔비디아는 신약 개발을 위한 생성형 AI 플랫폼 바이오니모(BioNeMo)[*]를 자체적으로 개발하였습니다. 현재 암젠을 비롯해 100개 이상의 제약·바이오 기업이 신약 개발 단계에서 바이오니모를 활용하고 있습니다. 바이오니모의 속도가 빨라질수록 신약 개발 기간이 단축되므로 제약·바이오 기업들이 엔비디아와 협력하는 것은 어쩌면 당연한 일인지도 모릅니다. 제넨텍, 존슨앤존슨, 노보 노디스크 등 글로벌 빅파마들이 앞다퉈 엔비디아와 협력 체계를 구축하고 있는 이유입니다.

엔비디아는 관련 기업 투자에도 적극적입니다. 2023년, 리커전 파마에 5,000만 달러(650억 원)를 투자하였으며, AI 신약 개발 기업인 수퍼루미날 메디슨(Superluminal Medicines), 아이엠빅 테라퓨틱스(Iambic Therapeutics)에도 투자자로 참여한 바 있습니다. 이쯤 되면, 엔비디아가 바이오 산업에 진출했다고 봐도 무방할 정도입니다. 생성형 AI 시대의 최대 수혜 기업인 엔비디아가 신약 개발에 혁신을 불러일으켜 제약·바이오산업의 패러다임을 바꿀 수 있을지 기대됩니다.

[*] 엔비디아의 헬스케어 전용 AI 플랫폼 클라라(Clara)의 일부로, 신약 개발에 특화되어 있습니다.

제약·바이오 투자의 정석

신약 개발에 성공하면 독점 판매 기간이 끝나기 전까지 엄청난 수익을 올릴 수 있습니다. 단, 그 과정이 워낙 길고 험난하기에 신약 개발 단계별로 기업의 가치가 크게 요동칩니다. 임상시험에서 좋은 결과를 보여주면 주가가 크게 상승하지만, 반대로 결과가 나쁘면 큰 폭으로 하락하죠.

관심 있는 기업이 어떤 신약을 개발하고 있고, 임상시험은 어느 단계에 와 있는지, 또 현재 제약·바이오 산업의 트렌드는 무엇인지를 어떻게 알 수 있을까요? 이번 장에서 그 궁금증을 해결해 드리겠습니다.

학회란
무엇일까?

학회 모멘텀

교수, 연구진, 기업들이 모여 자신들의 연구 성과를 발표하는 모임을 '학술대회'라고 합니다. 학회는 학술대회의 줄임말로, 제약·바이오 기업들은 학회에 참석해 개발하고 있는 기술과 보유한 파이프라인을 발표하고, 진행 중인 임상시험과 데이터를 공개합니다.* 학회에서 기술 이전과 M&A 논의가 이루

---

*   대부분의 학회는 다루는 주제가 정해져 있습니다. 기술과 파이프라인이 우수해도 학회의 주제와 맞지 않으면 참가할 수 없습니다.

어지므로, 학회는 기술을 팔려는 기업들과 사려는 기업들이 만나는 모임의 장이라고도 볼 수 있습니다. 그래서 보통 학회가 열리는 시즌을 전후로 제약·바이오 기업의 주가 변동성이 커집니다.[*] 학회 모멘텀이라는 말이 나오는 이유입니다.

매년 시기별·지역별로 다양한 학회가 열립니다. 이 중에서 우리가 관심 있게 봐야 할 학회를 살펴보겠습니다.

꼭 챙겨야 할 중요한 학회

1. 모든 질병과 기술을 다루는 학회

① JP모건 헬스케어 컨퍼런스

매년 1월에 열리는 JP모건 헬스케어 컨퍼런스는 가장 큰 규모의 학회로 모든 질병과 기술을 주제로 합니다. JP모건 헬스케어 컨퍼런스를 통해 그 해의 제약·바이오 트렌드를 확인할 수 있습니다. 규모가 커서 참여하는 기업의 숫자가 압도적으로 많으며, 글로벌 제약·바이오 기업들이 대부분 참여하기 때문에 만남의 장으로서도 매우 훌륭한 학회입니다. 통상적으로 12월에는 코스

---

[*] 실제 계약을 체결하기 위해서는 여러 단계의 심사와 프로세스를 거쳐야 합니다. 이 과정에서 3개월~1년 이상의 시간이 소요될 수 있습니다.

닥 제약 지수가 플러스를 보이는데,[*] 1월에 개최되는 JP모간 헬스케어 콘퍼런스의 기대감이 먼저 반영된 것으로 해석할 수 있습니다.

대부분의 국내 기업은 JP모건 헬스케어 컨퍼런스에서 직접 발표하기보다는 단순하게 참여하는 것을 목적으로 합니다.[**] 수많은 이해 당사자가 모인 곳에서 비즈니스 미팅 기회를 가지려는 것이죠. 공식 무대에서 기술이나 파이프라인에 대해 발표하지 않으므로 빠른 기술 이전이나 M&A에 대한 기대감을 갖기에는 무리가 있지만, 간혹 미팅이 추후에 기술 이전이나 M&A로 이어지기도 하므로 이름 있는 제약·바이오 기업과 미팅을 하는 것만으로도 주가는 움직일 수 있습니다. 학회에서 많은 이야기가 오고 가지만, 제대로 된 미팅은 호텔에서 커피 및 식사와 함께 이루어지며, 비밀 유지를 위해 호텔 방을 예약해 두기도 합니다. 이 때문에 매년 1월이 되면 주변 호텔들의 숙박비가 폭등하곤 합니다.

JP모건 헬스케어 컨퍼런스에서 이루어진 국내 기업의 기술 이전 사례로는 에이비엘바이오의 파킨슨병 치료제가 있습니다. 2022년에는 뇌 질환이 트렌드였습니다. 마침 에이비엘바이오는 뇌혈관 장벽을 투과할 수 있는 기술을 보유하고 있었죠. 그 덕분에 사노피와 총 계약 규모가 10억 6,000만 달러(약 1조 3,700억 원)인 기술 이전 계약을 체결할 수 있었습니다.

2023년 12월, 리가켐바이오는 얀센과 2.2조 원 규모의 ADC 기술 이전

---

* 2024년 8월 기준, 최근 5년간 모두 플러스로 마감했습니다.
** JP모건 헬스케어 컨퍼런스의 메인 트랙에서 발표했던 국내 기업으로는 삼성바이오로직스가 있습니다.

계약을 발표합니다. 원래는 한 달 뒤에 열리는 2024년 JP모건 헬스케어 컨퍼런스에서 발표할 예정이었는데, 연내에 계약을 마무리하려는 회사의 의지에 따라 그 전에 발표되었습니다. 이렇듯 JP모건 헬스케어 컨퍼런스 전후로 확정 공시가 나올 수 있다는 것도 함께 알아두면 좋습니다.

② 바이오 USA

매년 6월 초에 개최되는 바이오 USA 역시 모든 질병과 기술을 주제로 합니다. 주제에 제한이 없는 만큼 많은 기업이 참여하므로 산업의 트렌드를 파악하기 좋습니다. 바이오 인터내셔널 컨벤션이라고도 불리며, 바이오 코리아, 바이오 차이나 등이 있는데 그중에서 바이오 USA의 인기가 가장 많습니다.

JP모건 헬스케어 컨퍼런스에서는 주로 임상이 많이 진전된 대기업의 기술과 파이프라인이 공개됩니다. 반면, 바이오 USA에서는 대기업뿐 아니라 초기 단계에 있는 스타트업의 기술과 파이프라인도 공개됩니다. 국내 제약·바이오 기업의 대부분은 초기 임상 단계에 있는 기술과 파이프라인을 보유하고 있습니다. 그래서 JP모건 헬스케어 컨퍼런스보다는 바이오 USA에 더 많이 참여합니다.

2. 특정 질병과 기술을 다루는 학회

① 미국 암연구협회(AACR)

미국 암연구협회(American Association for Cancer Research, AACR)에서

매년 4월에 개최하는 학술대회입니다. 암과 관련한 임상 연구 발표를 주 목적으로 하며, 뒤에서 공부할 ASCO, ESMO와 함께 3대 암 학회로 분류됩니다.

AACR에서는 후기 임상 연구보다는 초기 임상 연구를 주로 발표하는데, 임상 데이터뿐 아니라 전임상 데이터만으로도 참여할 수 있다는 특징이 있습니다. 그래서 다른 암 학회보다 국내 제약·바이오 기업의 참여율이 높습니다. 신약 개발 기업뿐 아니라 암 진단 기업들도 참여하고 있습니다.

② 미국 임상종양학회(ASCO)

미국 임상종양학회(American Society of Clinical Oncology, ASCO)에서 매년 6월에 개최하는 학술대회입니다. AACR과 비교했을 때, 좀 더 진전된 기술과 파이프라인이 발표되므로 최신 항암제 트렌드를 파악하기 좋습니다. 2022년에 ASCO에서 아스트라제네카와 다이이찌산쿄의 유방암 치료제인 엔허투의 임상 3상 데이터가 공개되었는데, HER2 저발현 유방암 환자들을 대상으로 역대 최고 수준의 효능을 보여주었습니다. 이 발표는 항체 약물 접합체(ADC)가 트렌드로 자리 잡는 계기가 되었습니다.

참고로 4월에는 AACR이 열리고, 그 두 달 뒤인 6월에는 ASCO가 열립니다. 임상 데이터를 업데이트하기에는 짧은 시간이므로 AACR에 참여한 기업들은 ASCO에는 참여하지 않을 가능성이 높습니다.

③ 유럽 종양학회(ESMO)

유럽 종양학회(European Society for Medical Oncology, ESMO)에서 매년

9월 혹은 10월에 개최하는 학술대회입니다. ASCO와 마찬가지로 좀 더 진전된 기술과 파이프라인이 발표되므로 최신 트렌드를 파악하는 데 도움이 됩니다.

2023년 ESMO 개최 기간에 머크는 다이이찌산쿄와 220억 달러(약 28조 원) 규모의 ADC 기술 이전 계약을 발표합니다. 또, GSK도 항서 제약과 14억 8,500만 달러(약 1조 9,300억 원) 규모의 ADC 관련 계약을 발표하죠. 학회 기간에 있었던 이러한 발표를 통해 ADC가 트렌드임을 어렵지 않게 짐작해 볼 수 있습니다.

참고로 ESMO는 ASCO가 끝나고 3~4개월 후에 개최되므로 ASCO에 참여한 기업들은 ESMO에 참여하지 않을 가능성이 높습니다.

지금까지 제약·바이오 산업의 주요 학회들을 살펴봤는데요. 최근 AI와 제약·바이오의 융합이 큰 화두로 떠오르면서 세계 최대 전자제품 박람회인 CES와 인공지능학회인 AAAI에서 제약·바이오 분야의 발표가 나오고 있습니다. 따라서 이러한 학회에도 관심을 가져야 합니다.

기간	학회명	상세
1월	JP모건 헬스케어 컨퍼런스	전체 질환 및 기술 대상
1월	CES(국제 전자제품 박람회)	AI와 의료기기 위주
2월	AAAI(세계 인공지능학회)	AI 기반의 헬스케어
4월	AACR(미국 암연구협회)	초기 임상 단계 항암제
6월	바이오 USA(바이오 미국)	전체 질환 및 기술 대상
6월	ASCO(미국 임상종양학회)	항암제
6월	ADA(미국 당뇨학회)	당뇨/비만

7월	AAIC(알츠하이머 세계학회)	알츠하이머
9월	WCLC(세계 폐암학회)	폐암 항암제
10월	ESMO(유럽 종양학회)	항암제
10월	EASD(유럽 당뇨학회)	당뇨/비만
10월	CTAD(알츠하이머 임상학회)	알츠하이머
11월	SITC(미국 면역항암학회)	면역 항암제
12월	ASH(미국 혈액학회)	혈액질환(혈액암 등)

❙ 표 10-1. 관심 가져야 할 중요한 학회 ❙

M&A와 기술 이전으로
살펴보는 3대 트렌드

신약 개발에서는 기간의 단축이 매우 중요합니다. 가장 확실한 방법은 이미 신약을 개발했거나 관련 기술을 보유한 기업을 인수(M&A)하거나 기술 이전 계약을 통해 기술을 구매하는 것입니다. 기간을 단축할 수 있을 뿐 아니라 실패 확률도 낮출 수 있어서 빅파마들은 M&A와 기술 이전을 적극적으로 진행하고 있습니다. 빅파마들이 큰돈을 들여 관련 기업과 기술을 샀다는 것은 그 방향으로 나아가겠다는 확고한 의지의 표현으로 볼 수 있습니다. 따라서 M&A와 기술 이전을 통해 우리는 제약·바이오 산업의 트렌드를 엿볼 수 있습니다. 지금부터 최근에 일어난 M&A와 기술 이전을 바탕으로 현재 트렌드를 짚어 드리겠습니다.

방사성 의약품

방사성 의약품(Radiopharmaceutical therapy, RPT)이란 방사선을 방출하는 물질인 방사성 동위원소를 이용하여 질병을 치료하거나 진단하는 의약품을 말합니다. 암의 원인이 되는 부위에 붙는 리간드와 방사성 동위원소로 구성되어 있으며,[*] 리간드가 세포의 항원을 표적으로 하므로 리간드 요법(Radioligand therapy, RLT)으로도 불립니다. 노바티스의 플루빅토가 큰 성공을 거두며 2023년에만 4건의 인수합병이 있었고, 올해도 벌써 2건의 인수합병이 진행되었습니다. 최근 몇 년 사이 노바티스, 일라이 릴리, BMS, 아스트라제네카와 같은 글로벌 빅파마들이 방사성 의약품 기업의 인수합병을 적극적으로 진행하고 있습니다.

계약 시기	인수 기업	피인수 기업	계약 규모 (십억 달러)
2021.03	노바티스(Novartis)	아이테라노스틱스(iTheranostics) / 소피(Sofie)	–
2022.12	란투스(Lantheus)	포인트 바이오파마(Point Biopharma)	2.1
2023.03	노바티스(Novartis)	바이시클 테라퓨틱스(Bicycle Therapeutics)	1.7
2023.04	노바티스(Novartis)	3BP	0.425
2023.10	일라이 릴리(Eli Lilly)	포인트 바이오파마(Point Biopharma)	1.4
2023.12	BMS	레이즈 바이오(Rayze Bio)	4.1

* 업그레이드된 버전에서는 링커가 있기도 합니다. 즉 리간드, 링커, 방사성 동위원소로 구성되어 있습니다.

2024.03	아스트라제네카 (AstraZeneca)	퓨전 파마(Fusion Pharma)	2.0
2024.05	노바티스(Novartis)	마리아나 온콜로지(Mariana Oncology)	1.75
2024.05	지멘스(Siemens)	노바티스(Novartis)의 진단용 방사성 의약품 제조 네트워크	0.233
2024.07	일라이 릴리(Eli Lilly)	라디오네틱스(Radionetics)	1.1

| 표 10-2. 방사성 의약품 기업의 글로벌 M&A 사례 |

이 중에서 가장 눈에 띄었던 인수합병은 2023년 12월에 있었던 BMS 의 레이즈 바이오(Rayze Bio) 인수입니다. 당시 인수가는 주당 62.5달러였는데 이는 마지막 영업일의 주가에 무려 104%의 프리미엄을 얹은 가격이었습니다. 레이즈 바이오의 방사성 의약품이 기존 방사성 의약품보다 항암 효과가 뛰어났기 때문에 가능한 일이었죠. 방사성 의약품의 인수합병은 2023년에 활발하게 진행되었던 ADC 기업의 인수합병과 유사한 흐름으로 보입니다.

이밸류에이트파마의 자료에 따르면 방사성 의약품 시장은 2023년 기준으로 19억 달러(약 24조 원) 규모이며, 향후 연 평균 19.2%씩 성장하여 2030년에는 65억 달러(약 84조 원) 규모로 커질 것으로 전망됩니다. 이러한 전망치는 플루빅토와 차후 승인될 신약들의 가능성을 염두에 둔 것인데, 플루빅토가 블록버스터 신약으로 등극한 만큼 방사성 의약품의 가능성은 무궁무진할 것으로 예상됩니다. 방사성 의약품과 관련된 국내 기업으로는 퓨쳐켐과 SK바이오팜이 있습니다.

CMO/CDMO

중국에 대한 미국의 제재가 IT, 반도체를 넘어 제약·바이오에서도 나타나고 있습니다. 과거에는 견제하는 수준에 머물렀다면, 지금은 아예 금지 수준으로 넘어가는 형국입니다. 이를 뒷받침하는 대표적인 법안이 생물 보안법입니다. 생물 보안법은 미국인의 유전자 데이터가 해외에서 공유되는 것을 방지하고, 미국의 세금이 해외 바이오 기업에 유입되지 않도록 하는 법안으로, 사실상 중국 기업에 정보와 기술이 유출되지 않도록 하는 것을 골자로 합니다. 2024년 9월에 법안이 미국 하원을 통과했으며 12월 내로 상원 통과 여부가 결정될 것으로 전망됩니다. 법안이 통과되면 미국 정부뿐 아니라 정부로부터 보조금을 받는 민간 기업 및 연구 기관들도 중국 바이오 기업과 거래하는 데 제약을 받습니다.

중국의 여러 제약·바이오 기업이 타격을 받을 것으로 예상되는데, 그중에서도 매출의 약 60%가 미국에서 발생하는 CDMO 기업인 우시앱테크의 타격이 상당히 클 것으로 전망됩니다. 이는 곧 경쟁하고 있는 국내 CDMO 기업에 기회가 될 수 있음을 의미합니다. 넓게 보면 CMO/CDMO 기업뿐 아니라 한국 바이오 산업 전체에 긍정적인 영향을 줄 수 있습니다.

이러한 흐름 속에 CMO/CDMO 기업들의 인수합병, 공장 인수* 사례도

---

* 바이오의약품 등을 생산하기 위해서는 GMP 기준을 준수해야 합니다. 그런데 공장을 짓고, GMP 인증을 받는 데는 기간이 오래 걸립니다. 이런 이유로 CMO/CDMO 분야에 진출하려는 기업들은 GMP 인증을 받은 공장을 인수해 버립니다. 공장을 인수하면 기간을 단축할 수 있을 뿐만 아니라 공장과 거래하던 기존 거래처를 확보할 수 있습니다.

지속적으로 증가하고 있습니다. 2024년 2월, 노보 노디스크의 지주사인 노보 홀딩스는 북미, 유럽, 아시아에 50개 이상의 공장을 보유한 글로벌 CDMO 기업인 카탈런트를 165억 달러(21조 4,500억 원)에 인수합니다. 그리고 한 달 뒤에는 전 세계 CDMO 분야의 1위 기업인 스위스의 론자가 12억 달러(1조 5,600억 원)에 미국 캘리포니아에 있는 로슈의 생물제제 제조 공장 인수를 발표하죠. 론자는 차세대 치료제의 생산을 위해 5억 6,100만 달러(7,290억 원)를 더 투자해 해당 공장을 업그레이드할 계획이라고 밝혔습니다.

향후 CMO/CDMO 분야의 성장이 기대되는 가운데, 국내에서는 이미 미국 GMP 인증을 획득한 삼성바이로직스와 에스티팜이 수혜를 입을 것으로 예상됩니다.

계약 시기	인수 기업	피인수 기업	계약 규모 (십억 달러)
2021.01	써모 피셔 사이언티픽 (Thermo Fisher Scientific)	헤노젠(Henogen) (세포-유전자 치료제 CDMO 기업 인수)	0.864
2021.02	카탈란트 (Catalent)	델파이 제네틱스(Delphi Genetics) (세포-유전자 치료제 CDMO 기업 인수)	비공개
2021.03	SK팜테코	이포스케시(Yposkesi) (세포-유전자 치료제 CMO 기업 지분 70% 인수)	비공개
2022.02	후지필름 (Fuji Film)	아타라 바이오테라퓨틱스(Atara Biotherapeutics) (세포치료제 생산 공장 인수)	0.1
2022.05	롯데바이오로직스	BMS 시라큐스(Syracuse) 공장 (바이오의약품 생산 공장 인수)	0.16
2023.06	론자 (Lonza)	시나픽스(Synaffix) (ADC CDMO를 위한 기업 인수)	0.178
2023.11	아지노모토 (Ajinomoto)	포지 바이올로직스(Forge Biologics) (유전자 치료제 CDMO 기업 인수)	0.62

2024.02	노보 홀딩스 (Novo holdings)	카탈런트(Catalent) (비만 치료제 생산을 위한 기업 인수)	16.5
2024.03	론자(Lonza)	로슈의 CDMO 공장 (바이오의약품 생산 공장 인수)	1.2
2024.06	SK바이오사이언스	바이오로지카(Biologika) (바이오의약품 생산 공장 지분 60% 인수)	0.26
2024.07	애질런트(Agilent)	바이오벡트라(BIOVECTRA) (바이오의약품 및 표적치료제를 위한 분자 생산 CDMO 기업 인수)	0.925

┃ 표 10-3. CMO/CDMO 기업의 글로벌 M&A 사례 ┃

ADC

아스트라제네카와 다이이찌산쿄가 개발한 유방암 치료제인 엔허투의 후기 임상 데이터가 발표되던 시점부터 항체 약물 접합체(ADC) 관련 인수합병과 기술 이전 계약이 지속적으로 증가하고 있습니다. 특히, 2023년은 ADC의 해라고 해도 과언이 아닐 정도로 많은 계약이 체결되었습니다. 대표적으로 화이자가 ADC 치료제 개발 기업인 씨젠(Seagen)*을 인수한 사례와 머크가 다이이찌산쿄의 주요 ADC 후보물질들을 모두 인수한 사례가 있습니다. 코로나19로 천문학적인 수익을 거둔 화이자와 항암제 분야의 1위인 머크가 차세대 먹거리로 선택한 분야가 모두 ADC였던 것입니다.

---

* 미국의 바이오 기업으로, 체외 진단 기기를 생산하는 국내 기업 씨젠과는 다른 회사입니다.

계약 시기	인수 기업	피인수 기업	계약 종류	계약 규모 (십억 달러)
2023.01	암젠(Amgen)	시나픽스(Synaffix)	기술 이전	2
2023.02	아스트라제네카 (AstraZeneca)	KYM 바이오사이언스 (KYM Biosciences)	기술 이전	1.2
2023.03	화이자(Pfizer)	씨젠(Seagen)	인수	43
2023.03	마크로제닉스 (Macrogenics)	시나픽스(Synaffix)	기술 이전	2.2
2023.04	BMS (Bristol Myers Squibb)	투블리스(Tubliss)	파트너십	1
2023.07	베이진(Beigene)	듀얼리티 바이오로직스 (Duality Biologics)	기술 이전	1.3
2023.09	씨젠(Seagen)	누릭스 테라퓨틱스 (Nurix Therapeutics)	파트너십	3.5
2023.10	머크(Merck)	다이이찌산쿄(Daiichi Sankyo)	파트너십	22
2023.10	GSK(GlaxoSmithKline)	항서 제약(Hansoh Pharma)	기술 이전	1.6
2023.10	머크(Merck)	항서 제약(Hansoh Pharma)	기술 이전	1.7
2023.11	애브비(AbbVie)	이뮤노젠(ImmunoGen)	인수	10.1
2023.12	BMS (Bristol Myers Squibb)	시스타뮨(SystImmune)	기술 이전	8.4
2023.12	화이자(Pfizer)	노니 바이오사이언스 (Noni Biosciences)	기술 이전	1.1
2023.12	GSK(GlaxoSmithKline)	항서 제약(Hansoh Pharma)	기술 이전	1.7
2023.12	얀센(Janssen)	리가켐바이오(Ligachem Bio)	기술 이전	1.7
2024.01	로슈(Roche)	메디링크 테라퓨틱스 (MedLink Therapeutics)	기술 이전	1
2024.01	존슨앤존슨 (Johnson & Johnson)	엠브릭스 바이오파마 (Embrax BioPharma)	인수	2.2
2024.04	젠맙(Genmab)	프로파운드바이오(ProfoundBio)	인수	1.8
2024.04	머크(Merck)	캐리스(Caris)	파트너십	1.4

| 표 10-4. ADC 기업의 글로벌 M&A 사례 |

현재 유방암 치료제 엔허투 외에는 ADC 관련 블록버스터 의약품이 없습니다. 암의 원인이 되는 타깃은 무수히 많으므로, ADC를 활용할 수 있는 분야는 무궁무진하다고 볼 수 있습니다. 빅파마들이 ADC에 큰 관심을 두는 이유입니다. ADC와 관련된 국내 기업으로는 앞에서 소개해드린 리가켐바이오가 있습니다.

최근에는 ADC에 연결되는 약물(D)에 화학 항암제 대신, 단백질 분해제*를 연결하는 방식이 주목받고 있습니다. 이렇게 항체에 단백질 분해제를 연결하는 것을 항체-분해약물 접합체(Degrader-Antibody-Conujgate, DAC)라고 합니다. 2023년 9월에 씨젠(Seagen)은 누릭스 테라퓨틱스(Nurix Therapeutics)와 DAC 관련 파트너십을 체결했습니다. 국내에서는 비상장 기업인 오름 테라퓨틱스가 DAC 기술을 보유하고 있는데, 2023년 11월에 BMS에 후보물질인 ORM-6151을 1억 8천만 달러(2,340억 원)에 기술 이전한 데 이어 2024년 7월에는 버텍스 파마슈티컬스(Vertex Pharmaceuticals)에 9억 달러(1조 1,700억 원) 규모로 관련 기술을 이전하는 데 성공합니다. 일련의 계약으로 ADC 플랫폼 확장에 대한 기대감이 커지고 있습니다.

---

* 세포 내 특정 단백질을 분해하는 것을 말합니다. 기존 치료제가 단백질의 기능을 억제하거나 차단하는 것을 목표로 한다면, 단백질 분해제는 표적으로 하는 단백질 자체를 분해해 제거하는 것을 목표로 합니다.

국내 기업 임상
단계별 정리

    국내 증시에 상장된 제약·바이오 기업의 대부분은 기술 이전 혹은 신약 개발을 목표로 임상시험을 진행하고 있습니다. 이 중에서 2024년 9월 기준으로 시장의 관심을 받고 있는 기업들을 임상 단계별로 정리해보았습니다. 단, 너무 초기 단계이거나 규모가 작은 기업은 제외하였습니다.

    참고로 기업이 보유하고 있는 파이프라인을 소개할 때, APB-A1, IMVT-1402와 같은 영문이 자주 나올 텐데, 회사에서 임의로 붙인 프로젝트의 이름이라고 이해하면 됩니다.

상용화 단계

1. SK바이오팜

SK바이오팜은 뇌 질환을 주력으로 합니다. 후보물질 발굴부터 FDA 승인, 미국 시장 직접 판매까지의 전 과정을 독자적으로 성공시킨 국내 최초의 기업입니다. 뇌전증 신약인 엑스코프리는 FDA 승인 이후에 분기 매출액 천억 원을 달성하며 블록버스터 기대감을 심어주고 있고, 임상 3상을 진행 중인 레녹스·가스토 증후군 치료제 카리스바메이트(Carisbamate)*는 2025년 말~2026년 초에 출시하는 것을 계획하고 있습니다. 최근에는 방사성 의약품 후보물질을 도입하는 등 차세대 의약품 개발에도 투자를 아끼지 않고 있습니다.

2. 알테오젠

알테오젠은 바이오시밀러를 개발하는 기업으로, 정맥 주사(IV) 제형을 피하지방 주사(SC) 제형으로 변경하는 기술을 보유하고 있습니다. 머크와 독점 계약을 체결해 키트루다를 SC 제형으로 변경하고 있으며, 2024년에 임상 3상 데이터가 발표될 예정입니다. 또한 세계 최대의 바이오시밀러 기업인 산도즈와 SC 제형 변경 플랫폼을 여러 물질에 적용하는 계약을 체결한 바 있습니다. 항암제뿐 아니라 바이오시밀러 분야에서도 제형 변경 니즈가 많아지고 있음을 알 수 있습니다. 최근에는 ADC 항암제의 제형 변경이 언급되면서 추

---

* 일반명입니다.

가 기술 이전에 대한 기대감이 커진 상황입니다.

3. 녹십자

녹십자는 1967년에 설립된 전통적인 제약회사로 최근 선천성 면역 결핍증에 사용하는 정맥 주사용 면역 글로블린 제제인 알리글로(Aliglo)를 개발하여 FDA의 승인을 받았습니다. 면역 글로블린 제제는 수요보다 공급이 부족하고,[*] 주요 보험사의 등재 여부에 따라 매출이 급증할 수 있는 분야입니다. 알리글로의 개발로 2024년부터 최소 400억 원 이상의 매출을 올릴 것으로 예상되며, 이후로도 지속적인 매출 성장이 기대되고 있습니다. 이 외에도 대상포진 백신(글로벌) 및 수두 백신(국내) 등 임상 2상과 3상을 진행하고 있는 파이프라인을 다수 보유하고 있습니다.

4. 유한양행

유한양행은 1926년에 설립된 전통적인 제약회사입니다. 2024년 8월, 얀센에 기술 이전을 한 레이저티닙이 비소세포폐암 치료제로 FDA의 승인을 받으면서 신약 매출에 따른 로열티가 지속적으로 유입될 것으로 예상됩니다. 이 외에도 퇴행성 디스크 치료제로 임상 3상을 진행하고 있으며, 대사이상 관련 지방간염(MASH)[**] 치료제를 임상 1상 단계에서 베링거 인겔하임에 기술 이전

---

[*] 면역 글로블린 제제(혈액 제제)의 원료가 되는 플라즈마(혈장)는 수급이 불안정합니다.
[**] 앞에서 언급한 비알콜성 지방간염(NASH)의 새로운 명칭입니다.

한 바 있습니다. 다양한 기업과 협업(공동연구)하는 오픈이노베이션 전략을 통해 신약 후보물질의 발굴에 힘쓰고 있습니다.

임상 3상 단계

1. 한올바이오파마

한올바이오파마는 자가면역질환 치료제를 개발합니다. 이뮤노반트에 후보물질 바토클리맙(IMVT-1401)과 IMVT-1402를 기술 이전하였으며, 현재는 이뮤노반트가 이 물질로 임상시험을 진행하고 있습니다.

중국의 바이오 기업인 하버바이오메드는 바토클리맙의 중국 판권을 구매하여 자가면역질환 치료제를 개발하고 있고, 중증근무력증은 중국 규제 기관에 신약 허가 신청을 한 상태입니다. 또한, 한올바이오파마 자체적으로 중증근무력증, 갑상선안병증을 대상으로 글로벌 임상 3상을, 그레이브스병, 면역혈소판 감소증, 만성탈수신경병증 등으로 임상 2상을 각각 진행하고 있습니다.

자가면역질환 치료제의 강자인 휴미라와 커버하는 질환이 달라 떠오르는 신예로 주목받고 있으며, 빅파마들이 이뮤노반트 인수에 관심을 보이고 있어, 인수 여부에 따라 한올바이오파마의 기업가치도 영향을 받을 것으로 예상됩니다.

2. 리가켐바이오

리가켐바이오는 항체 약물 접합체(ADC) 플랫폼 관련 기술을 보유하고 있습니다. 얀센, 암젠과 기술 이전 계약을 체결한 바 있으며, 중국에서 포순파마와 LCB14, HER2-ADC로 임상 3상을, 미국에서 존슨앤존슨과 TROP2-ADC로 임상 1상을(2025년에 임상 2상 진입 예상), 미국과 중국에서 씨스톤과 ROR1-ADC로 임상 1상을 각각 진행하고 있습니다. 향후 항암제 분야에서 ADC를 접목한 계약이 지속적으로 체결될 것으로 예상됩니다.

임상 2상 단계

1. 에이프릴바이오

에이프릴바이오는 자가면역질환 치료제를 개발합니다. 단백질의 반감기를 늘리는 플랫폼을 보유하고 있으며, 주요 파이프라인으로는 APB-A1과 APB-R3이 있습니다.

APB-A1은 CD40L을 타깃으로 합니다. 현재 덴마크 빅파마인 룬드벡(Lundbeck)에 기술 이전하여 임상 2상과 적응증 확장을 진행하고 있습니다. APB-R3는 IL-18을 타깃으로 하며, 에보뮨(Evommune)에 기술 이전하여 2025년 상반기에 아토피 환자를 대상으로 임상 2상을 진행할 예정입니다. 참고로 에이프릴바이오의 2대 주주는 유한양행입니다.

2. 에스티팜

에스티팜은 RNA 치료제의 원료인 올리고 뉴클레오타이드의 생산에 특화된 CMO/CDMO 기업입니다. 대부분의 매출이 CMO/CDMO 수주에서 발생하고 있지만, 자체적으로 RNA 치료제 개발에도 힘쓰고 있습니다. 주력 파이프라인으로는 기존 에이즈 치료제에 내성이 생긴 환자를 대상으로 하는 STP0404가 있으며 현재 글로벌 임상 2상을 진행하고 있습니다. 최대주주는 동아쏘시오 홀딩스입니다.

3. 에이비엘바이오

에이비엘바이오는 항암제와 뇌 질환에 특화된 기업으로 이중항체 플랫폼을 보유하고 있습니다. 주력 파이프라인으로는 파킨슨 치료제 후보물질인 ABL301이 있으며, 사노피에 기술 이전하여 현재는 사노피와 함께 글로벌 임상 1상을 진행하고 있습니다.[*] ABL001은 FDA의 신속 심사 프로그램인 신속절차(Fast Track)에 지정된 바 있으며, 2025년 상반기 임상 2/3상을 발표한 후, 담도암을 대상으로 가속 승인을 신청할 예정입니다. ABL503은 미국과 한국에서 각각 임상 1상을 진행 중이며, ABL111은 미국과 중국에서 각각 임상 1상을 진행하고 있습니다.

---

[*]   2025년 예정인 임상 2상부터는 사노피가 단독으로 진행합니다.

임상 1상 단계

1. 보로노이

보로노이는 항암제를 주력으로 개발합니다. 선택성이 높은 약물 설계 플랫폼을 보유하고 있으며, 이를 바탕으로 높은 효능에 낮은 오프 타깃 이슈*를 일으킬 수 있는 물질을 개발하고 있습니다. 주력 파이프라인으로는 VRN07과 VRN11이 있습니다. VRN07은 화이자로부터 지분 투자를 받은 오릭 파마에 기술 이전을 하여 현재는 오릭파마가 임상 1/2상을 진행하고 있습니다.** VRN11은 EGFR C797S 변이를 타깃으로 하며, 국내에서 자체적으로 임상 1상을 진행한 후에 글로벌 임상으로 변경할 예정입니다.

2. 동아에스티

동아쏘시오 그룹의 계열사로 바이오시밀러와 비만 치료제, 대사이상 관련 지방간염(MASH) 치료제를 개발하고 있습니다. 2024년 말~2025년 초에 미국과 유럽에서 자가면역질환 치료제인 스텔라라의 바이오시밀러 승인을 앞두고 있으며, 미국에 상장된 지회사인 뉴로보(NeuroBo)를 통해 비만 치료제 임상 1상을, MASH 치료제 임상 2상을 진행하고 있습니다.***

---

* 암의 원인에만 정확하게 작용하도록 설계하는 것은 쉽지 않습니다. 그래서 처음에는 타깃이 아닌 다른 부분에도 영향을 주게 되는데, 이렇게 타깃을 벗어나는 것을 오프 타깃 이슈라고 합니다.

** 중화권 판권은 보로노이가 보유하고 있습니다.

*** MASH 치료제로 임상 2상을 진행하고 있지만, 시장의 관심은 비만 치료제에 더 쏠려 있어 임상 1단계의 기업으로 분류하였습니다.

1. 학회란 무엇일까?

교수, 연구진, 기업이 모여 자신들의 연구 성과를 발표하는 모임을 '학술 대회'라고 합니다. 학회는 학술대회의 줄임말로, 제약·바이오 기업은 학회에 참석해 개발하고 있는 기술과 보유한 파이프라인을 발표하고, 진행 중인 임상 시험과 그 데이터를 공개합니다. 학회에서 다수의 기술 이전과 M&A가 이루 어지므로, 학회 시즌을 전후로 제약·바이오 기업의 주가 변동성이 커집니다. 학회 모멘텀이라는 말이 나오는 이유입니다.

중요한 학회로는 JP모건 헬스케어 컨퍼런스, 바이오 USA 그리고 3대 암 학회인 미국 암연구협회(AACR), 미국 임상종양학회(ASCO), 유럽 종양학회 (ESMO)가 있습니다.

2. M&A와 기술 이전으로 살펴보는 3대 트렌드

M&A와 기술 이전을 통해 우리는 제약·바이오 산업의 트렌드를 엿볼 수

있습니다. 최근 몇 년 사이에 M&A와 기술 이전이 활발하게 진행된 분야는 방사성 의약품, CMO/CDMO, 항체 약물 접합체(ADC)입니다.

3. 국내 기업의 임상 단계별 정리

2024년 9월 기준으로 국내 주식 시장에서 관심을 받고 있는 기업들을 임상 단계별로 정리하면 다음과 같습니다.

- **상용화 단계:** SK바이오팜, 알테오젠, 녹십자, 유한양행
- **임상 3상 단계:** 한올바이오파마, 리가켐바이오
- **임상 2상 단계:** 에이프릴바이오, 에스티팜, 에이비엘바이오
- **임상 1상 단계:** 보로노이, 동아에스티

1. 학회 참여를 호재로 생각해도 되나요?

학회에 참여하는 모든 제약·바이오 기업이 학회에서 발표를 하는 것은 아닙니다. 말 그대로 참여만 하는 경우도 많습니다. 따라서 어떠한 목적으로 학회에 참여하는지를 확인해야 합니다.

구체적인 데드라인은 학회마다 다르지만, 보통 발표 예정 기업은 학회가 개최되기 4개월 전에 초록*을 제출합니다. 개최 4~6주 전에는 초록의 제목이, 2~3주 전에는 초록의 내용이 공개되죠. 즉, 개최 4주 전을 기점으로 학회에서 발표하는 기업과 발표 주제를 알 수 있습니다. 그래서 이 시점에 주가 변동성이 가장 큽니다. 반면, 학회가 끝나면 오히려 주가가 약세를 보이는 경우가 많습니다. 물론, 학회에서 기대 이상의 임상 데이터를 공개하거나 기술 이전 등의 계약을 발표하는 경우는 예외입니다.

---

* 발표할 연구를 간략하게 정리한 문서입니다. 학회 홈페이지에서 영문 원본을 볼 수 있습니다.

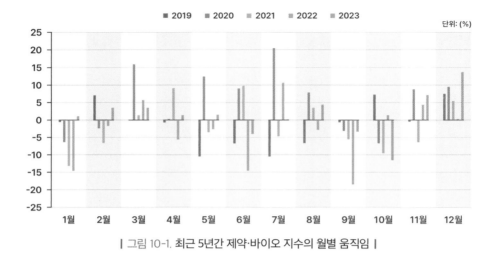

| 그림 10-1. 최근 5년간 제약·바이오 지수의 월별 움직임 |

위 그림은 최근 5년간 제약·바이오 지수의 월별 움직임입니다. 1월에 열리는 JP모건 헬스케어 컨퍼런스의 기대감이 반영되는 12월에는 매년 지수의 움직임이 좋았고, 4월에 열리는 AACR과 바이오 USA의 기대감이 반영되는 3월에도 지수가 모두 플러스인 것을 확인할 수 있습니다. 반면, 정작 기대하던 학회가 열리는 1월과 4월에는 오히려 지수의 움직임이 좋지 않은 것을 알 수 있습니다.

2. 금리와 제약·바이오 산업 간에는 어떤 관계가 있나요?

신약 개발에는 막대한 비용이 들어갑니다. 글로벌 빅파마를 제외하면 이 비용을 온전히 감당할 수 있는 기업이 거의 없습니다. 그래서 신약 개발 기업들의 대부분은 투자를 유치하는데, 금리가 높으면 시중의 투자자금이 리스크가 있는 제약·바이오 산업보다는 상대적으로 안전한 자산(ex.예금, 채권)으로

| 그림 10-2. 미국 대표 제약·바이오 지수인 XBI와 미국 국채 10년물 그래프 |

몰릴 가능성이 높습니다. 이렇게 되면 자금난에 직면한 기업들이 하나둘 나오면서 투자 심리가 더욱 위축되는 악순환에 빠집니다. 반면 금리가 낮으면 시중의 자금이 수익성 높은 제약·바이오 산업으로 몰려 투자 심리가 살아납니다. 위 그림을 보면, 미국 대표 제약·바이오 지수인 XBI와 미국 국채 10년물이 마치 데칼코마니처럼 서로 반대의 모습을 그리는 것을 알 수 있습니다.

3. 국내 제약·바이오 기업은 매년 적자인 경우가 많습니다. 적자 기업에 투자해도 되나요?

국내 증시에 상장된 바이오 기업들의 대부분은 기술 이전을 목표로 합니다. 기술 이전이 성사되기 전까지는 수익이 거의 없다고 봐도 무방하고, 기술 이전이 되어도 계약금을 제외하면, 마일 스톤이 들어올 때까지 또 오랜 기간을 기다려야 합니다. 즉, 회사가 문제없이 운영되고 있어도 기술 이전한 후보 물질이 임상시험에 성공하고, FDA의 승인을 받아 로열티가 들어오기 전까지는 적자일 수밖에 없는 구조입니다. 이런 이유로 다른 산업의 기업처럼 적자 자체만 놓고 판단하기에는 무리가 있습니다. 하지만 그럼에도 불구하고 적자 상태가 지속되면 회사가 위험해질 수 있으므로 다음 사항을 점검해봐야 합니다.

① 현재 보유하고 있는 현금이 얼마인지 확인

② 연간 사용하는 연구·개발 비용이 얼마인지 확인

③ 언제 자금 조달(투자 유치)을 할 계획인지 확인

④ 최근 진행된 기술 이전이나 M&A 사례를 통해 회사가 보유하고 있는 기술, 플랫폼, 파이프라인이 글로벌 시장에서 얼마나 인기가 있는지를 확인(기술 이전과 M&A 가능성 확인)

적자 기업이 부담스럽다면, 영업 이익을 내고 있는 제약 기업에 관심을 갖는 것도 훌륭한 대안이 될 수 있습니다. 요즘은 제약 기업들도 신약 개발에 적극적으로 나서고 있습니다. 특히 규모가 있는 전통적인 제약 기업은 일반의 약품 판매 등으로 영업이익을 꾸준하게 창출하고 있어서 어지간한 바이오 기업보다 더 많은 연구·개발 비용과 인력을 확보하고 있습니다. 유한양행, 종근당, 녹십자와 같은 기업이 대표적입니다.

종근당은 본문에서 한 번도 소개해드리지 않았는데, 매년 1,000억 원 대의 영업이익을 바탕으로 꾸준히 신약 개발에 매진하여 2023년 말에 신약 후

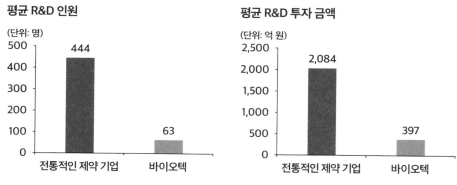

평균 R&D 인원

(단위: 명)

	전통적인 제약 기업	바이오텍
	444	63

평균 R&D 투자 금액

(단위: 억 원)

	전통적인 제약 기업	바이오텍
	2,084	397

▎ 그림 10-3. 전통적인 제약 기업과 바이오텍의 지표 비교 ▎

보물질인 CKD-510을 노바티스에 총 계약 규모 13억 500만 달러(약 1조 7,000억 원)에 기술 이전하는 데 성공합니다. 반환 의무가 없는 계약금만 무려 8,000만 달러(1,040억 원)에 달하는 큰 계약이었죠.

제약·바이오 산업은 공부할수록 더 많은 투자 기회가 열립니다. 이 책으로 공부한 모든 분에게 좋은 결과가 있길 바랍니다.

안녕하세요. 강하나입니다. 애널리스트로 활동하고 또, 여러 방송에 출연하면서 제약·바이오 산업을 어려워하는 분을 너무나도 많이 만나왔습니다. 이런 분들을 위해 비전공자도 쉽게 이해할 수 있는 기본서가 한 권쯤은 있어야 한다고 생각했습니다. 그래서 사명감을 가지고, 열심히 책을 집필했습니다. 제약·바이오 산업을 공부하는 모든 분에게 이 책이 친절한 안내서가 되었으면 좋겠습니다.

책이 나오기까지 많은 분의 도움이 있었습니다.

먼저, 귀한 시간을 내어 이 책을 끝까지 읽어주신 독자 여러분께 감사의 말씀드립니다. 최선을 다해 집필했지만, 행여라도 아쉬운 부분이 있었다면 모두 저의 불찰이오니 넓은 마음으로 이해해 주시기 바랍니다.

원고를 쉽게 풀어서 정리해 준 티더블유아이지 출판사에도 감사 인사를 전합니다. 원고가 책으로 나오기까지 엄청난 노고가 있었음을 잘 알기에 더욱 감사드립니다.

마지막으로 집필하는 동안 응원해 준 가족과 유튜브 채널 원리버 구독자분들, 친구들에게 감사하다는 말을 전합니다. 지치고 힘들 때에도 여러분 덕분에 계속 나아갈 힘을 얻습니다. 책을 쓰는 동안 찾아온 새로운 가족에게도 고맙고, 나중에 이 책을 함께 볼 수 있는 날이 올 수 있길 바랍니다.

이 책이 제약·바이오 산업 공부의 끝이 아닌 시작이 되었으면 좋겠습니다.

원리버 강하나 드림.

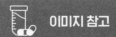

이미지 참고

프롤로그 **바이오 산업의 시장 규모와 성장 추이**
▸ 출처 : Frost&Sullivan

3장, 4장 **블록버스터 의약품 매출액 추이**
▸ 출처 : 해당 기업 자료

그림 4-1. **자가면역질환의 시장 규모와 성장 추이**
▸ 출처 : Allied Market Research

그림 5-8. **비알콜성 지방간염의 시장 규모와 성장 추이**
▸ 출처 : Market Data Forecast, Fierce Pharma

그림 5-9. **알츠하이머의 시장 규모와 성장 추이**
▸ 출처 : Grand View Research, GlobalData

그림 5-10. **심혈관 질환의 시장 규모와 성장 추이**
▸ 출처 : Statista, Mordor Intelligence

그림 5-12. **CGM 시장 점유율**
▸ 출처 : medtech insight

그림 5-13. **희귀질환 의약품 매출액 추이**
▸ 출처 : EvaluatePharma(February 2023)

진짜 하루만에 이해하는
제약·바이오 산업

초판 1쇄 발행 2024년 10월 31일
초판 2쇄 발행 2024년 11월 5일

지은이 강하나
펴낸곳 티더블유아이지(주)
펴낸이 자몽

기획총괄 신슬아
편 집 자몽
교정교열 유관의, 박기원
디자인 윤지은
일러스트 나밍
마케팅 자몽

출판등록 제 300-2016-34호
주 소 서울특별시 종로구 새문안로3길 36, 1139호 (내수동, 용비어천가)
이메일 twigbackme@gmail.com

ⓒ 강하나, 2024, Printed in Korea
ISBN 979-11-91590-28-9 (03320)